JOSEPH VON EICHENDORFF

GEDICHTE

EINE AUSWAHL

MIT EINEM NACHWORT VON
KONRAD NUSSBÄCHER

PHILIPP RECLAM JUN. STUTTGART

Universal-Bibliothek Nr. 7925 [2]
Gesetzt in Borgis Garamond-Antiqua. Printed in Germany 1975
Herstellung: Reclam Stuttgart
ISBN 3-15-007925-X

Frische Fahrt

Laue Luft kommt blau geflossen,
Frühling, Frühling soll es sein!
Waldwärts Hörnerklang geschossen
Mutger Augen lichter Schein;
Und das Wirren bunt und bunter
Wird ein magisch wilder Fluß,
In die schöne Welt hinunter
Lockt dich dieses Stromes Gruß.

Und ich mag mich nicht bewahren!
Weit von euch treibt mich der Wind,
Auf dem Strome will ich fahren,
Von dem Glanze selig blind!
Tausend Stimmen lockend schlagen,
Hoch Aurora flammend weht,
Fahre zu! Ich mag nicht fragen,
Wo die Fahrt zu Ende geht!

Allgemeines Wandern

Vom Grund bis zu den Gipfeln,
Soweit man sehen kann,
Jetzt blühts in allen Wipfeln,
Nun geht das Wandern an:

Die Quellen von den Klüften,
Die Ström auf grünem Plan,
Die Lerchen hoch in Lüften,
Der Dichter frisch voran.

Und die im Tal verderben
In trüber Sorgen Haft,
Er möcht sie alle werben
Zu dieser Wanderschaft.

Und von den Bergen nieder
Erschallt sein Lied ins Tal,
Und die zerstreuten Brüder
Faßt Heimweh allzumal.

Da wird die Welt so munter
Und nimmt die Reiseschuh,
Sein Liebchen mitten drunter
Die nickt ihm heimlich zu.

Und über Felsenwände
Und auf dem grünen Plan
Das wirrt und jauchzt ohn Ende –
Nun geht das Wandern an!

Der frohe Wandersmann

Wem Gott will rechte Gunst erweisen,
Den schickt er in die weite Welt;
Dem will er seine Wunder weisen
In Berg und Wald und Strom und Feld.

Die Trägen, die zu Hause liegen,
Erquicket nicht das Morgenrot,
Sie wissen nur von Kinderwiegen,
Von Sorgen, Last und Not um Brot.

Die Bächlein von den Bergen springen,
Die Lerchen schwirren hoch vor Lust,
Was sollt ich nicht mit ihnen singen
Aus voller Kehl' und frischer Brust?

Den lieben Gott laß ich nur walten;
Der Bächlein, Lerchen, Wald und Feld
Und Erd und Himmel will erhalten,
Hat auch mein Sach' aufs best bestellt!

Zwielicht

Dämmrung will die Flügel spreiten,
Schaurig rühren sich die Bäume,
Wolken ziehn wie schwere Träume –
Was will dieses Graun bedeuten?

Hast ein Reh du lieb vor andern,
Laß es nicht alleine grasen,
Jäger ziehn im Wald und blasen,
Stimmen hin und wieder wandern.

Hast du einen Freund hienieden,
Trau ihm nicht zu dieser Stunde,
Freundlich wohl mit Aug und Munde,
Sinnt er Krieg im tückschen Frieden.

Was heut müde gehet unter,
Hebt sich morgen neugeboren.
Manches bleibt in Nacht verloren –
Hüte dich, bleib wach und munter!

Nachts

Ich wandre durch die stille Nacht,
Da schleicht der Mond so heimlich sacht
Oft aus der dunklen Wolkenhülle,
Und hin und her im Tal
Erwacht die Nachtigall,
Dann wieder alles grau und stille.

O wunderbarer Nachtgesang:
Von fern im Land der Ströme Gang,
Leis Schauern in den dunklen Bäumen –
Wirrst die Gedanken mir,
Mein irres Singen hier
Ist wie ein Rufen nur aus Träumen.

Der wandernde Musikant

1

Wandern lieb ich für mein Leben,
Lebe eben wie ich kann,
Wollt ich mir auch Mühe geben,
Paßt es mir doch gar nicht an.

Schöne alte Lieder weiß ich,
In der Kälte, ohne Schuh'
Draußen in die Saiten reiß ich,
Weiß nicht, wo ich abends ruh.

Manche Schöne macht wohl Augen,
Meinet, ich gefiel' ihr sehr,
Wenn ich nur was wollte taugen,
So ein armer Lump nicht wär. –

Mag dir Gott ein'n Mann bescheren,
Wohl mit Haus und Hof versehn!
Wenn wir zwei zusammen wären,
Möcht mein Singen mir vergehn.

2

Ich reise übers grüne Land,
Der Winter ist vergangen,
Hab um den Hals ein gülden Band,
Daran die Laute hangen.

Der Morgen tut ein'n roten Schein,
Den recht mein Herze spüret,
Da greif ich in die Saiten ein,
Der liebe Gott mich führet.

So silbern geht der Ströme Lauf,
Fernüber schallt Geläute,
Die Seele ruft in sich: Glück auf!
Rings grüßen frohe Leute.

Mein Herz ist recht von Diamant,
Ein Blum von Edelsteinen,
Die funkelt lustig übers Land
In tausend schönen Scheinen.

Vom Schlosse in die weite Welt
Schaut eine Jungfrau runter,
Der Liebste sie im Arme hält,
Die sehn nach mir herunter.

Wie bist du schön! Hinaus, im Wald
Gehn Wasser auf und unter,
Im grünen Wald sing, daß es schallt,
Mein Herz, bleib frei und munter!

Die Sonne uns im Dunklen läßt,
Im Meere sich zu spülen,
Da ruh ich aus vom Tagesfest
Fromm in der roten Kühle.

Hoch führet durch die stille Nacht
Der Mond die goldnen Schafe,
Den Kreis der Erden Gott bewacht,
Wo tief ich unten schlafe.

Wie liegt all falsche Pracht so weit!
Schlaf wohl auf stiller Erde,
Gott schütz dein Herz in Ewigkeit,
Daß es nie traurig werde!

3

Mürrisch sitzen sie und maulen
Auf den Bänken stumm und breit,
Gähnend strecken sich die Faulen,
Und die Kecken suchen Streit.

Da komm ich durchs Dorf geschritten,
Fernher durch den Abend kühl,
Stell mich in des Kreises Mitten,
Grüß und zieh mein Geigenspiel.

Und wie ich den Bogen schwenke,
Ziehn die Klänge in der Rund
Allen recht durch die Gelenke
Bis zum tiefsten Herzensgrund.

Und nun gehts ans Gläserklingen,
An ein Walzen um und um,
Je mehr ich streich, je mehr sie springen,
Keiner fragt erst lang: warum? –

Jeder will dem Geiger reichen
Nun sein Scherflein auf die Hand –
Da vergeht ihm gleich sein Streichen,
Und fort ist der Musikant.

Und sie sehn ihn fröhlich steigen
Nach den Waldeshöhn hinaus,
Hören ihn von fern noch geigen,
Und gehn all vergnügt nach Haus.

Doch in Waldes grünen Hallen,
Rast ich dann noch manche Stund,
Nur die fernen Nachtigallen
Schlagen tief aus nächtgem Grund.

Und es rauscht die Nacht so leise
Durch die Waldeseinsamkeit,
Und ich sinn auf neue Weise,
Die der Menschen Herz erfreut.

4

Durch Feld und Buchenhallen
Bald singend, bald fröhlich still,
Recht lustig sei vor allen,
Wers Reisen wählen will!

Wenns kaum im Osten glühte,
Die Welt noch still und weit:
Da weht recht durchs Gemüte
Die schöne Blütenzeit!

Die Lerch als Morgenbote
Sich in die Lüfte schwingt,
Eine frische Reisenote
Durch Wald und Herz erklingt.

O Lust, vom Berg zu schauen
Weit über Wald und Strom,
Hoch über sich den blauen
Tiefklaren Himmelsdom!

Vom Berge Vöglein fliegen
Und Wolken so geschwind,
Gedanken überfliegen
Die Vögel und den Wind.

Die Wolken ziehn hernieder,
Das Vöglein senkt sich gleich,
Gedanken gehn und Lieder
Fort bis ins Himmelreich.

Die Zigeunerin

Am Kreuzweg, da lausche ich, wenn die Stern
Und die Feuer im Walde verglommen,
Und wo der erste Hund bellt von fern,
Da wird mein Bräutgam herkommen.

„Und als der Tag graut', durch das Gehölz
Sah ich eine Katze sich schlingen,
Ich schoß ihr auf den nußbraunen Pelz,
Wie tat die weitüber springen!" —

's ist schad nur ums Pelzlein, du kriegst mich nit!
Mein Schatz muß sein wie die andern:
Braun und ein Stutzbart auf ungrischen Schnitt
Und ein fröhliches Herze zum Wandern.

Der wandernde Student

Bei dem angenehmsten Wetter
Singen alle Vögelein,

Klatscht der Regen auf die Blätter,
Sing ich so für mich allein.

Denn mein Aug kann nichts entdecken,
Wenn der Blitz auch grausam glüht,
Was im Wandern könnt erschrecken
Ein zufriedenes Gemüt.

Frei von Mammon will ich schreiten
Auf dem Feld der Wissenschaft,
Sinne ernst und nehm zu Zeiten
Einen Mund voll Rebensaft.

Bin ich müde vom Studieren,
Wann der Mond tritt sanft herfür,
Pfleg ich dann zu musizieren
Vor der Allerschönsten Tür.

Der himmlische Maler

Aus Wolken, eh im nächtgen Land
Erwacht die Kreaturen,
Langt Gottes Hand,
Zieht durch die stillen Fluren
Gewaltig die Konturen,
Strom, Wald und Felsenwand.

Wach auf, wach auf! Die Lerche ruft,
Aurora taucht die Strahlen
Verträumt in Duft,

Beginnt auf Berg und Talen
Ringsum ein himmlisch Malen
In Meer und Land und Luft.

Und durch die Stille, lichtgeschmückt,
Aus wunderbaren Locken
Ein Engel blickt.
Da rauscht der Wald erschrocken,
Da gehn die Morgenglocken,
Die Gipfel stehn verzückt.

O lichte Augen, ernst und mild,
Ich kann nicht von euch lassen!
Bald wieder wild
Stürmts her von Sorg und Hassen –
Durch die verworrnen Gassen
Führ mich, mein göttlich Bild!

Der Soldat

Wagen mußt du und flüchtig erbeuten,
Hinter uns schon durch die Nacht hör ichs schreiten,
Schwing auf mein Roß dich nur schnell
Und küß noch im Flug mich, wildschönes Kind,
Geschwind,
Denn der Tod ist ein rascher Gesell.

Die Spielleute

Frühmorgens durch die Klüfte
Wir blasen Viktoria!

Eine Lerche fährt durch die Lüfte:
„Die Spielleut sind schon da!"
Da dehnt ein Turm und reckt sich
Verschlafen im Morgengrau,
Wie aus dem Traume streckt sich
Der Strom durch die stille Au,
Und ihre Äuglein balde
Tun auf die Bächlein all
Im Wald, im grünen Walde,
Das ist ein lustger Schall!

Das ist ein lustges Reisen,
Der Eichbaum kühl und frisch
Mit Schatten, wo wir speisen,
Deckt uns den grünen Tisch.
Zum Frühstück musizieren
Die muntern Vögelein,
Der Wald, wenn sie pausieren,
Stimmt wunderbar mit ein,
Die Wipfel tut er neigen,
Als gesegnet er uns das Mahl,
Und zeigt uns zwischen den Zweigen
Tief unten das weite Tal.

Tief unten da ist ein Garten,
Da wohnt eine schöne Frau,
Wir können nicht lange warten,
Durchs Gittertor wir schaun,
Wo die weißen Statuen stehen,
Da ists so still und kühl,
Die Wasserkünste gehen,

Der Flieder duftet schwül.
Wir ziehn vorbei und singen
In der stillen Morgenzeit,
Sie hörts im Traume klingen,
Wir aber sind schon weit.

Vor der Stadt

Zwei Musikanten ziehn daher
Vom Wald aus weiter Ferne,
Der eine ist verliebt gar sehr,
Der andre wär es gerne.

Die stehn allhier im kalten Wind
Und singen schön und geigen:
Ob nicht ein süßverträumtes Kind
Am Fenster sich wollt zeigen?

Der verliebte Reisende

1

Da fahr ich still im Wagen,
Du bist so weit von mir,
Wohin er mich mag tragen,
Ich bleibe doch bei dir.

Da fliegen Wälder, Klüfte
Und schöne Täler tief,
Und Lerchen hoch in den Lüften,
Als ob dein Stimme rief'.

Die Sonne lustig scheinet
Weit über das Revier,
Ich bin so froh verweinet
Und singe still in mir.

Vom Berge gehts hinunter,
Das Posthorn schallt im Grund,
Mein Seel wird mir so munter,
Grüß dich aus Herzensgrund.

2

Ich geh durch die dunklen Gassen
Und wandre von Haus zu Haus,
Ich kann mich noch immer nicht fassen,
Sieht alles so trübe aus.

Da gehen viel Männer und Frauen,
Die alle so lustig sehn,
Die fahren und lachen und bauen,
Daß mir die Sinne vergehn.

Oft wenn ich bläuliche Streifen
Seh über die Dächer fliehn,
Sonnenschein draußen schweifen,
Wolken am Himmel ziehn:

Da treten mitten im Scherze
Die Tränen ins Auge mir,
Denn die mich lieben von Herzen
Sind alle so weit von hier.

Ach Liebchen, dich ließ ich zurücke,
Mein liebes, herziges Kind,
Da lauern viel Menschen voll Tücke,
Die sind dir so feindlich gesinnt.

Die möchten so gerne zerstören
Auf Erden das schöne Fest,
Ach, könnte das Lieben aufhören,
So mögen sie nehmen den Rest.

Und alle die grünen Orte,
Wo wir gegangen im Wald,
Die sind nun wohl anders geworden,
Da ists nun so still und kalt.

Da sind nun am kalten Himmel
Viel tausend Sterne gestellt,
Es scheint ihr goldnes Gewimmel
Weit übers beschneite Feld.

Mein Seele ist so beklommen,
Die Gassen sind leer und tot,
Da hab ich die Laute genommen
Und singe in meiner Not.

Ach, wär ich im stillen Hafen!
Kalte Winde am Fenster gehn,
Schlaf ruhig, mein Liebchen, schlafe,
Treu' Liebe wird ewig bestehn!

Auf einer Burg

Eingeschlafen auf der Lauer
Oben ist der alte Ritter;
Drüber gehen Regenschauer,
Und der Wald rauscht durch das Gitter.

Eingewachsen Bart und Haare,
Und versteinert Brust und Krause,
Sitzt er viele hundert Jahre
Oben in der stillen Klause.

Draußen ist es still und friedlich,
Alle sind ins Tal gezogen,
Waldesvögel einsam singen
In den leeren Fensterbogen.

Eine Hochzeit fährt da unten
Auf dem Rhein im Sonnenscheine,
Musikanten spielen munter,
Und die schöne Braut die weinet.

Jahrmarkt

Sinds die Häuser, sinds die Gassen?
Ach, ich weiß nicht wo ich bin!
Hab ein Liebchen hier gelassen,
Und manch Jahr ging seitdem hin.

Aus den Fenstern schöne Frauen
Sehn mir freundlich ins Gesicht,

Keine kann so frischlich schauen,
Als mein liebes Liebchen sicht.

An dem Hause poch ich bange –
Doch die Fenster stehen leer,
Ausgezogen ist sie lange,
Und es kennt mich keiner mehr.

Und ringsum ein Rufen, Handeln,
Schmucke Waren, bunter Schein,
Herrn und Damen gehn und wandeln
Zwischendurch in bunten Reihn.

Zierlich Bücken, freundlich Blicken,
Manches flüchtge Liebeswort,
Händedrücken, heimlich Nicken –
Nimmt sie all der Strom mit fort.

Und mein Liebchen sah ich eben
Traurig in dem lustgen Schwarm,
Und ein schöner Herr daneben
Führt' sie stolz und ernst am Arm.

Doch verblaßt war Mund und Wange,
Und gebrochen war ihr Blick,
Seltsam schaut' sie stumm und lange,
Lange noch auf mich zurück. –

Und es endet Tag und Scherzen,
Durch die Gassen pfeift der Wind –
Keiner weiß, wie unsre Herzen
Tief von Schmerz zerrissen sind.

In der Fremde

Ich hör die Bächlein rauschen
Im Walde her und hin,
Im Walde in dem Rauschen
Ich weiß nicht, wo ich bin.

Die Nachtigallen schlagen
Hier in der Einsamkeit,
Als wollten sie was sagen
Von der alten, schönen Zeit.

Die Mondesschimmer fliegen,
Als säh ich unter mir
Das Schloß im Tale liegen,
Und ist doch so weit von hier!

Als müßte in dem Garten,
Voll Rosen weiß und rot,
Meine Liebste auf mich warten,
Und ist doch lange tot.

Sehnsucht

Es schienen so golden die Sterne,
Am Fenster ich einsam stand
Und hörte aus weiter Ferne
Ein Posthorn im stillen Land.
Das Herz mir im Leib entbrennte,
Da hab ich mir heimlich gedacht:

Ach, wer da mitreisen könnte
In der prächtigen Sommernacht!

Zwei junge Gesellen gingen
Vorüber am Bergeshang,
Ich hörte im Wandern sie singen
Die stille Gegend entlang:
Von schwindelnden Felsenschlüften,
Wo die Wälder rauschen so sacht,
Von Quellen, die von den Klüften
Sich stürzen in die Waldesnacht.

Sie sangen von Marmorbildern,
Von Gärten, die überm Gestein
In dämmernden Lauben verwildern,
Palästen im Mondenschein,
Wo die Mädchen am Fenster lauschen,
Wann der Lauten Klang erwacht
Und die Brunnen verschlafen rauschen
In der prächtigen Sommernacht.

Der Morgen

Fliegt der erste Morgenstrahl
Durch das stille Nebeltal,
Rauscht erwachend Wald und Hügel:
Wer da fliegen kann, nimmt Flügel!

Und sein Hütlein in die Luft
Wirft der Mensch vor Lust und ruft:

Hat Gesang doch auch noch Schwingen,
Nun, so will ich fröhlich singen!

Hinaus, o Mensch, weit in die Welt,
Bangt dir das Herz in krankem Mut;
Nichts ist so trüb in Nacht gestellt,
Der Morgen leicht machts wieder gut.

Mittagsruh

Über Bergen, Fluß und Talen,
Stiller Lust und tiefen Qualen
Webet heimlich, schillert, Strahlen!
Sinnend ruht des Tags Gewühle
In der dunkelblauen Schwüle,
Und die ewigen Gefühle,
Was dir selber unbewußt,
Treten heimlich, groß und leise
Aus der Wirrung fester Gleise,
Aus der unbewachten Brust,
In die stillen, weiten Kreise.

Der Abend

Schweigt der Menschen laute Lust:
Rauscht die Erde wie in Träumen
Wunderbar mit allen Bäumen,
Was dem Herzen kaum bewußt,
Alte Zeiten, linde Trauer,

Und es schweifen leise Schauer
Wetterleuchtend durch die Brust.

Die Nacht

Wie schön, hier zu verträumen
Die Nacht im stillen Wald,
Wenn in den dunklen Bäumen
Das alte Märchen hallt.

Die Berg im Mondesschimmer
Wie in Gedanken stehn,
Und durch verworrne Trümmer
Die Quellen klagend gehn.

Denn müd ging auf den Matten
Die Schönheit nun zur Ruh,
Es deckt mit kühlen Schatten
Die Nacht das Liebchen zu.

Das ist das irre Klagen
In stiller Waldespracht,
Die Nachtigallen schlagen
Von ihr die ganze Nacht.

Die Stern gehn auf und nieder –
Wann kommst du, Morgenwind,
Und hebst die Schatten wieder
Von dem verträumten Kind?

Schon rührt sichs in den Bäumen,
Die Lerche weckt sie bald –
So will ich treu verträumen
Die Nacht im stillen Wald.

Täuschung

Ich ruhte aus vom Wandern,
Der Mond ging eben auf,
Da sah ich fern im Lande
Der alten Tiber Lauf,
Im Walde lagen Trümmer,
Paläste auf stillen Höhn
Und Gärten im Mondesschimmer –
O Welschland, wie bist du schön!

Und als die Nacht vergangen,
Die Erde blitzte so weit,
Einen Hirten sah ich hangen
Am Fels in der Einsamkeit.
Den fragt ich ganz geblendet:
Komm ich nach Rom noch heut?
Er dehnt' sich halbgewendet:
Ihr seid nicht recht gescheut!
Eine Winzerin lacht' herüber,
Man sah sie vor Weinlaub kaum,
Mir aber gings Herze über –
Es war ja alles nur Traum.

Schöne Fremde

Es rauschen die Wipfel und schauern,
Als machten zu dieser Stund
Um die halbversunkenen Mauern
Die alten Götter die Rund.

Hier hinter den Myrtenbäumen
In heimlich dämmernder Pracht,
Was sprichst du wirr wie in Träumen
Zu mir, phantastische Nacht?

Es funkeln auf mich alle Sterne
Mit glühendem Liebesblick,
Es redet trunken die Ferne
Wie von künftigem, großem Glück!

Liebe in der Fremde

Über die beglänzten Gipfel
Fernher kommt es wie ein Grüßen,
Flüsternd neigen sich die Wipfel,
Als ob sie sich wollten küssen.

Ist er doch so schön und milde!
Stimmen gehen durch die Nacht,
Singen heimlich von dem Bilde –
Ach, ich bin so froh verwacht!

Plaudert nicht so laut, ihr Quellen!
Wissen darf es nicht der Morgen!

In der Mondnacht linde Wellen
Senk ich still mein Glück und Sorgen.

Lustige Musikanten

Der Wald, der Wald! daß Gott ihn grün erhalt,
Gibt gut Quartier und nimmt doch nichts dafür.

Zum grünen Wald wir Herberg halten,
Denn Hoffart ist nicht unser Ziel,
Im Wirtshaus, wo wir nicht bezahlten,
Es war der Ehre gar zu viel.
Der Wirt, er wollt uns gar nicht lassen,
Sie ließen Kann und Kartenspiel,
Die ganze Stadt war in den Gassen,
Und von den Bänken mit Gebraus
Stürzt' die Schule heraus,
Wuchs der Haufe von Haus zu Haus,
Schwenkt' die Mützen und jubelt' und wogt',
Der Hatschier, die Stadtwacht, der Bettelvogt,
Wie wenn ein Prinz zieht auf die Freit,
Gab alles, alles uns fürstlich Geleit.
Wir aber schlugen den Markt hinab
Und durch die Leut mit dem Wanderstab,
Und hoch mit dem Tamburin, daß es schallt', –

Zum Wald, zum Wald, zum schönen, grünen Wald!

Und da nun alle schlafen gingen,
Der Wald steckt' seine Irrlicht an,

Die Frösche tapfer Ständchen bringen,
Die Fledermaus schwirrt leis voran,
Und in dem Fluß auf feuchtem Steine
Gähnt laut der alte Wassermann,
Strählt sich den Bart im Mondenscheine,
Und fragt ein Irrlicht, wer wir sind?
Das aber duckt sich geschwind;
Denn über ihn weg im Wind
Durch die Wipfel der wilde Jäger geht,
Und auf dem alten Turm sich dreht
Und kräht der Wetterhahn uns nach:
Ob wir nicht einkehrn unter sein Dach?
O Gockel, verfallen ist ja dein Haus,
Es sieht die Eule zum Fenster heraus,
Und aus allen Toren rauschet der Wald.

Der Wald, der Wald, der schöne, grüne Wald!

Und wenn wir müd einst, sehn wir blinken
Eine goldne Stadt still überm Land,
Am Tor Sankt Peter schon tut winken:
„Nur hier herein, Herr Musikant!"
Die Engel von den Zinnen fragen,
Und wie sie uns erst recht erkannt,
Sie gleich die silbernen Pauken schlagen,
Sankt Peter selbst die Becken schwenkt,
Und voll Geigen hängt
Der Himmel, Cäcilia an zu streichen fängt,
Dazwischen Hoch vivat! daß es prasselt und pufft,
Werfen die andern vom Wall in die Luft
Sternschnuppen, Kometen,

Gar prächtge Raketen,
Versengen Sankt Peter den Bart, daß er lacht,
Und wir ziehen heim, schöner Wald, gute Nacht!

Wandersprüche

1

Es geht wohl anders, als du meinst:
Derweil du rot und fröhlich scheinst,
Ist Lenz und Sonnenschein verflogen,
Die liebe Gegend schwarz umzogen;
Und kaum hast du dich ausgeweint,
Lacht alles wieder, die Sonne scheint –
Es geht wohl anders, als man meint.

2

Herz, in deinen sonnenhellen
Tagen halt nicht karg zurück!
Allwärts fröhliche Gesellen
Trifft der Frohe und sein Glück.

Sinkt der Stern: alleine wandern
Magst du bis ans End der Welt –
Bau du nur auf keinen andern
Als auf Gott, der Treue hält.

3

Was willst auf dieser Station
So breit dich niederlassen?
Wie bald nicht bläst der Postillon,
Du mußt doch alles lassen.

Die Lerche grüßt den ersten Strahl,
Daß er die Brust ihr zünde,
Wenn träge Nacht noch überall
Durchschleicht die tiefen Gründe.

Und du willst, Menschenkind, der Zeit
Verzagend unterliegen?
Was ist dein kleines Erdenleid?
Du mußt es überfliegen!

Der Sturm geht lärmend um das Haus,
Ich bin kein Narr und geh hinaus,
Aber bin ich eben draußen,
Will ich mich wacker mit ihm zausen.

Ewig muntres Spiel der Wogen!
Viele hast du schon belogen,
Mancher kehrt nicht mehr zurück.
Und doch weckt das Wellenschlagen
Immer wieder frisches Wagen,
Falsch und lustig wie das Glück.

Der Wandrer, von der Heimat weit,
Wenn rings die Gründe schweigen,
Der Schiffer in Meeres Einsamkeit,
Wenn die Stern aus den Fluten steigen:

Die beide schauern und lesen
In stiller Nacht,
Was sie nicht gedacht,
Da es noch fröhlicher Tag gewesen.

Wandernder Dichter

Ich weiß nicht, was das sagen will!
Kaum tret ich von der Schwelle still,
Gleich schwingt sich eine Lerche auf
Und jubiliert durchs Blau voraus.

Das Gras ringsum, die Blumen gar
Stehn mit Juwelen und Perln im Haar,
Die schlanken Pappeln, Busch und Saat
Verneigen sich im größten Staat.

Als Bot voraus das Bächlein eilt,
Und wo der Wind die Wipfel teilt,
Die Au verstohlen nach mir schaut,
Als wär sie meine liebe Braut.

Ja, komm ich müd ins Nachtquartier,
Die Nachtigall noch vor der Tür
Mir Ständchen bringt, Glühwürmchen bald
Illuminieren rings den Wald.

Umsonst! Das ist nun einmal so,
Kein Dichter reist inkognito,
Der lustge Frühling merkt es gleich,
Wer König ist in seinem Reich.

Heimweh

Wer in die Fremde will wandern,
Der muß mit der Liebsten gehn,
Es jubeln und lassen die andern
Den Fremden alleine stehn.

Was wisset ihr, dunkele Wipfel,
Von der alten, schönen Zeit?
Ach, die Heimat hinter den Gipfeln,
Wie liegt sie von hier so weit!

Am liebsten betracht ich die Sterne,
Die schienen, wie ich ging zu ihr,
Die Nachtigall hör ich so gerne,
Sie sang vor der Liebsten Tür.

Der Morgen, das ist meine Freude!
Da steig ich in stiller Stund
Auf den höchsten Berg in die Weite,
Grüß dich, Deutschland, aus Herzensgrund!

An der Grenze

Die treuen Berg stehn auf der Wacht:
„Wer streicht bei stiller Morgenzeit
Da aus der Fremde durch die Heid?" –
Ich aber mir die Berg betracht
Und lach in mich vor großer Lust,
Und rufe recht aus frischer Brust

Parol und Feldgeschrei sogleich:
Vivat Östreich!

Da kennt mich erst die ganze Rund,
Nun grüßen Bach und Vöglein zart
Und Wälder rings nach Landesart,
Die Donau blitzt aus tiefem Grund,
Der Stephansturm auch ganz von fern
Guckt übern Berg und säh mich gern,
Und ist ers nicht, so kommt er doch gleich,
Vivat Östreich!

Wanderlied der Prager Studenten

Nach Süden nun sich lenken
Die Vöglein allzumal,
Viel Wandrer lustig schwenken
Die Hüt im Morgenstrahl,
Das sind die Herrn Studenten,
Zum Tor hinaus es geht,
Auf ihren Instrumenten
Sie blasen zum Valet:
Ade in die Läng und Breite
O Prag, wir ziehn in die Weite:
Et habeat bonam pacem,
Qui sedet post fornacem!

Nachts wir durchs Städtlein schweifen,
Die Fenster schimmern weit,
Am Fenster drehn und schleifen

Viel schön geputzte Leut.
Wir blasen vor den Türen
Und haben Durst genung,
Das kommt vom Musizieren,
Herr Wirt, einen frischen Trunk!
Und siehe über ein kleines
Mit einer Kanne Weines
Venit ex sua domo –
Beatus ille homo!

Nun weht schon durch die Wälder
Der kalte Boreas,
Wir streichen durch die Felder,
Von Schnee und Regen naß,
Der Mantel fliegt im Winde,
Zerrissen sind die Schuh,
Da blasen wir geschwinde
Und singen noch dazu:
Beatus ille homo
Qui sedet in sua domo
Et sedet post fornacem
Et habet bonam pacem!

Rückkehr

Wer steht hier draußen? – Macht auf geschwind!
Schon funkelt das Feld wie geschliffen,
Es ist der lustige Morgenwind,
Der kommt durch den Wald gepfiffen.

Ein Wandervöglein, die Wolken und ich
Wir reisten um die Wette,
Und jedes dacht: Nun spute dich,
Wir treffen sie noch im Bette!

Da sind wir nun, jetzt alle heraus,
Die drin noch Küsse tauschen!
Wir brechen sonst mit der Tür ins Haus:
Klang, Duft und Waldesrauschen.

Ich komme aus Italien fern
Und will euch alles berichten,
Vom Berg Vesuv und Romas Stern
Die alten Wundergeschichten.

Da singt eine Fey auf blauem Meer,
Die Myrten trunken lauschen –
Mir aber gefällt doch nichts so sehr
Als das deutsche Waldesrauschen!

Der irre Spielmann

Aus stiller Kindheit unschuldiger Hut
Trieb mich der tolle, frevelnde Mut.
Seit ich da draußen so frei nun bin,
Find ich nicht wieder nach Hause mich hin.

Durchs Leben jag ich manch trügrisch Bild,
Wer ist der Jäger da? wer ist das Wild?
Es pfeift der Wind mir schneidend durchs Haar,
Ach Welt, wie bist du so kalt und klar!

Du frommes Kindlein im stillen Haus,
Schau nicht so lüstern zum Fenster hinaus!
Frag mich nicht, Kindlein, woher und wohin?
Weiß ich doch selber nicht, wo ich bin!

Von Sünde und Reue zerrissen die Brust,
Wie rasend in verzweifelter Lust,
Brech ich im Fluge mir Blumen zum Strauß,
Wird doch ein fröhlicher Kranz nicht daraus! –

Ich möcht in den tiefsten Wald wohl hinein,
Recht aus der Brust den Jammer zu schrein,
Ich möchte reiten ans Ende der Welt,
Wo der Mond und die Sonne hinunterfällt.

Wo schwindelnd beginnt die Ewigkeit,
Wie ein Meer, so erschrecklich still und weit,
Da sinken all Ström und Segel hinein,
Da wird es wohl endlich auch ruhig sein.

Hippogryph

Das ist ein Flügelpferd mit Silberschellen,
Das heitere Gesellen
Empor hebt über Heidekraut und Klüfte,
Daß durch den Strom der Lüfte,
Die um den Reisehut melodisch pfeifen,
Des Ernsts Gewalt und Torenlärm der Schlüfte
Als Frühlingsjauchzen nur die Brust mag streifen;
Und so im Flug belauschen

Des trunknen Liedergottes rüstge Söhne,
Wenn alle Höhn und Täler blühn und rauschen,
Im Morgenbad des Lebens ewge Schöne,
Die, in dem Glanz erschrocken,
Sie glühend anblickt aus den dunklen Locken.

Die zwei Gesellen

Es zogen zwei rüstge Gesellen
Zum erstenmal von Haus,
So jubelnd recht in die hellen,
Klingenden, singenden Wellen
Des vollen Frühlings hinaus.

Die strebten nach hohen Dingen,
Die wollten, trotz Lust und Schmerz,
Was Rechts in der Welt vollbringen,
Und wem sie vorüber gingen,
Dem lachten Sinnen und Herz. –

Der erste, der fand ein Liebchen,
Die Schwieger kauft' Hof und Haus;
Der wiegte gar bald ein Bübchen,
Und sah aus heimlichem Stübchen
Behaglich ins Feld hinaus.

Dem zweiten sangen und logen
Die tausend Stimmen im Grund,
Verlockend' Sirenen, und zogen
Ihn in der buhlenden Wogen
Farbig klingenden Schlund.

Und wie er auftaucht' vom Schlunde,
Da war er müde und alt,
Sein Schifflein das lag im Grunde,
So still wars rings in die Runde,
Und über die Wasser wehts kalt.

Es singen und klingen die Wellen
Des Frühlings wohl über mir;
Und seh ich so kecke Gesellen,
Die Tränen im Auge mir schwellen –
Ach Gott, führ uns liebreich zu Dir!

Der Unverbesserliche

Ihr habt den Vogel gefangen,
Der war so frank und frei,
Nun ist ihms Fliegen vergangen,
Der Sommer ist lange vorbei.

Es liegen wohl Federn neben
Und unter und über mir,
Sie können mich alle nicht heben
Aus diesem Meer von Papier.

Papier! wie hör ich dich schreien,
Da alles die Federn schwenkt
In langen, emsigen Reihen –
So wird der Staat nun gelenkt.

Mein Fenster am Pulte steht offen,
Der Sonnenschein schweift übers Dach,

Da wird so uraltes Hoffen
Und Wünschen im Herzen wach.

Die lustigen Kameraden,
Lerchen, Quellen und Wald,
Sie rauschen schon wieder und laden:
Geselle, kommst du nicht bald?

Und wie ich durch die Gardinen
Hinaussah in keckem Mut,
Da hört ich Lachen im Grünen,
Ich kannte das Stimmlein recht gut.

Und wie ich hinaustrat zur Schwelle,
Da blühten die Bäume schon all,
Und Liebchen, so frühlingshelle,
Saß drunter beim Vogelschall.

Und eh wir uns beide besannen,
Da wiehert' das Flügelroß –
Wir flogen selbander von dannen,
Daß es unten die Schreiber verdroß.

Sonette

1

So eitel künstlich haben sie verwoben
Die Kunst, die selber sie nicht gläubig achten,
Daß sie die Sünd in diese Unschuld brachten:
Wer unterscheidet, was noch stammt von oben?

Doch wer mag würdig jene Reinen loben,
Die in der Zeit hochmütgem Trieb und Trachten
Die heilge Flamme treu in sich bewachten,
Aus ihr die alte Schönheit neu erhoben!

O Herr! Gib Demut denen, die da irren,
Daß, wenn ihr' Künste all zuschanden werden,
Sie töricht nicht den Gott in sich verfluchen!

Begeisterung, was falsch ist, zu entwirren,
Und Freudigkeit, wo's öde wird auf Erden,
Verleihe denen, die Dich redlich suchen!

2

Ein Wunderland ist oben aufgeschlagen,
Wo goldne Ströme gehn und dunkel schallen,
Gesänge durch das Rauschen tief verhallen,
Die möchten gern ein hohes Wort dir sagen.

Viel goldne Brücken sind dort kühn geschlagen,
Darüber alte Brüder sinnend wallen –
Wenn Töne wie im Frühlingsregen fallen.
Befreite Sehnsucht will dorthin dich tragen.

Wie bald läg unten alles Bange, Trübe,
Du strebtest lauschend, blicktest nicht mehr nieder,
Und höher winkte stets der Brüder Liebe:

Wen einmal so berührt die heilgen Lieder,
Sein Leben taucht in die Musik der Sterne,
Ein ewig Ziehn in wunderbare Ferne!

Wer einmal tief und durstig hat getrunken,
Den zieht zu sich hinab die Wunderquelle,
Daß er melodisch mit zieht selbst als Welle,
Auf der die Welt sich bricht in tausend Funken.

Es wächst sehnsüchtig, stürzt und leuchtet trunken
Jauchzend im Innersten die heilge Quelle,
Bald Bahn sich brechend durch die Kluft zur Helle,
Bald kühle rauschend dann in Nacht versunken.

So laß es ungeduldig brausen, drängen!
Hoch schwebt der Dichter drauf in goldnem Nachen,
Sich selber heilig opfernd in Gesängen.

Die alten Felsen spalten sich mit Krachen,
Von drüben grüßen schon verwandte Lieder,
Zum ewgen Meere führt er alle wieder.

4

Nicht Träume sinds und leere Wahngesichte,
Was von dem Volk den Dichter unterscheidet.
Was er inbrünstig bildet, liebt und leidet,
Es ist des Lebens wahrhafte Geschichte.

Er fragt nicht viel, wie ihn die Menge richte,
Der eignen Ehr nur in der Brust vereidet;
Denn wo begeistert er die Blicke weidet,
Grüßt ihn der Weltkreis mit verwandtem Lichte.

Die schöne Mutter, die ihn hat geboren,

Den Himmel liebt er, der ihn auserkoren,
Läßt beide Haupt und Brust sich heiter schmücken.

Die Menge selbst, die herbraust, ihn zu fragen
Nach seinem Recht, muß den Beglückten tragen,
Als Element ihm bietend ihren Rücken.

5

Ihm ists verliehn, aus den verworrnen Tagen,
Die um die andern sich wie Kerker dichten,
Zum blauen Himmel sich empor zu richten,
In Freudigkeit: Hie bin ich, Herr! zu sagen.

Das Leben hat zum Ritter ihn geschlagen,
Er soll der Schönheit neidsche Kerker lichten;
Daß nicht sich alle götterlos vernichten,
Soll er die Götter zu beschwören wagen.

Tritt erst die Lieb auf seine blühnden Hügel,
Fühlt er die reichen Kränze in den Haaren,
Mit Morgenrot muß sich die Erde schmücken;

Süßschauernd dehnt der Geist die großen Flügel,
Es glänzt das Meer – die mutgen Schiffe fahren,
Da ist nichts mehr, was ihm nicht sollte glücken!

Jugendsehnen

Du blauer Strom, an dessen duftgem Strande
Ich Licht und Lenz zum erstenmale schaute,

In frommer Sehnsucht mir mein Schifflein baute,
Wann Segel unten kamen und verschwanden.

Von fernen Bergen überm weiten Lande
Brachtst du mir Gruß und fremde hohe Laute,
Daß ich den Frühlingslüften mich vertraute,
Vom Ufer lösend hoffnungsreich die Bande.

Noch wußt ich nicht, wohin und was ich meine,
Doch Morgenrot sah ich unendlich quellen,
Das Herz voll Freiheit, Kraft der Treue, Tugend;

Als ob des Lebens Glanz für mich nur scheine,
Fühlt ich zu fernem Ziel die Segel schwellen,
All Wimpel rauschten da in ewger Jugend!

Wehmut

Ich kann wohl manchmal singen,
Als ob ich fröhlich sei,
Doch heimlich Tränen dringen,
Da wird das Herz mir frei.

So lassen Nachtigallen,
Spielt draußen Frühlingsluft,
Der Sehnsucht Lied erschallen
Aus ihres Käfigs Gruft.

Da lauschen alle Herzen,
Und alles ist erfreut,
Doch keiner fühlt die Schmerzen,
Im Lied das tiefe Leid.

Intermezzo

Wohl vor lauter Sinnen, Singen
Kommen wir nicht recht zum Leben;
Wieder ohne rechtes Leben
Muß zu Ende gehn das Singen;
Ging zu Ende dann das Singen:
Mögen wir auch nicht länger leben.

Morgenlied

Ein Stern still nach dem andern fällt
Tief in des Himmels Kluft,
Schon zucken Strahlen durch die Welt,
Ich wittre Morgenluft.

In Qualmen steigt und sinkt das Tal;
Verödet noch vom Fest
Liegt still der weite Freudensaal,
Und tot noch alle Gäst.

Da hebt die Sonne aus dem Meer
Eratmend ihren Lauf;
Zur Erde geht, was feucht und schwer,
Was klar, zu ihr hinauf.

Hebt grüner Wälder Trieb und Macht
Neurauschend in die Luft,
Zieht hinten Städte, eitel Pracht,
Blau Berge durch den Duft.

Spannt aus die grünen Tepp'che weich,
Von Strömen hell durchrankt,
Und schallend glänzt das frische Reich,
So weit das Auge langt.

Der Mensch nun aus der tiefen Welt
Der Träume tritt heraus,
Freut sich, daß alles noch so hält,
Daß noch das Spiel nicht aus.

Und nun gehts an ein Fleißigsein!
Umsumsend Berg und Tal,
Agieret lustig groß und klein
Den Plunder allzumal.

Die Sonne steiget einsam auf,
Ernst über Lust und Weh
Lenkt sie den ungestörten Lauf
Zu stiller Glorie. –

Und wie er dehnt die Flügel aus,
Und wie er auch sich stellt,
Der Mensch kann nimmermehr hinaus
Aus dieser Narrenwelt.

Umkehr

Leben kann man nicht von Tönen,
Poesie geht ohne Schuh,
Und so wandt ich denn der Schönen
Endlich auch den Rücken zu.

Lange durch die Welt getrieben
Hat mich nun die irre Hast,
Immer doch bin ich geblieben
Nur ein ungeschickter Gast.

Überall zu spät zum Schmause
Kam ich, wenn die andern voll,
Trank die Neigen vor dem Hause,
Wußt nicht, wem ichs trinken soll.

Mußt mich vor Fortuna bücken
Ehrfurchtsvoll bis auf die Zehn,
Vornehm wandt sie mir den Rücken,
Ließ mich so gebogen stehn.

Und als ich mich aufgerichtet
Wieder frisch und frei und stolz,
Sah ich Berg' und Tal gelichtet,
Blühen jedes dürre Holz.

Welt hat eine plumpe Pfote,
Wandern kann man ohne Schuh –
Deck mit deinem Morgenrote
Wieder nur den Wandrer zu!

Der Isegrimm

Aktenstöße nachts verschlingen,
Schwatzen nach der Welt Gebrauch,
Und das große Tretrad schwingen
Wie ein Ochs, das kann ich auch.

Aber glauben, daß der Plunder
Eben nicht der Plunder wär,
Sondern ein hochwichtig Wunder,
Das gelang mir nimmermehr.

Aber andre überwitzen,
Daß ich mit dem Federkiel
Könnt den morschen Weltbau stützen,
Schien mir immer Narrenspiel.

Und so, weil ich in dem Drehen
Da steh oft wie ein Pasquill,
Läßt die Welt mich eben stehen –
Mag sies halten, wie sie will!

Die Heimat

An meinen Bruder

Denkst du des Schlosses noch auf stiller Höh?
Das Horn lockt nächtlich dort, als obs dich riefe,
Am Abgrund grast das Reh,
Es rauscht der Wald verwirrend aus der Tiefe –
O stille, wecke nicht, es war als schliefe
Da drunten ein unnennbar Weh.

46

Kennst du den Garten? – Wenn sich Lenz erneut,
Geht dort ein Mädchen auf den kühlen Gängen
Still durch die Einsamkeit,
Und weckt den leisen Strom von Zauberklängen,
Als ob die Blumen und die Bäume sängen
Rings von der alten schönen Zeit.

Ihr Wipfel und ihr Bronnen rauscht nur zu!
Wohin du auch in wilder Lust magst dringen,
Du findest nirgends Ruh,
Erreichen wird dich das geheime Singen, –
Ach, dieses Bannes zauberischen Ringen
Entfliehn wir nimmer, ich und du!

Heimweh

An meinen Bruder

Du weißts, dort in den Bäumen
Schlummert ein Zauberbann,
Und nachts oft, wie in Träumen,
Fängt der Garten zu singen an.

Nachts durch die stille Runde
Wehts manchmal bis zu mir,
Da ruf ich aus Herzensgrunde,
O Bruderherz, nach dir.

So fremde sind die andern,
Mir graut im fremden Land,
Wir wollen zusammen wandern,
Reich treulich mir die Hand!

Wir wollen zusammen ziehen,
Bis daß wir wandermüd
Auf des Vaters Grabe knien
Bei dem alten Zauberlied.

Lockung

Hörst du nicht die Bäume rauschen
Draußen durch die stille Rund?
Lockts dich nicht, hinabzulauschen
Von dem Söller in den Grund,
Wo die vielen Bäche gehen
Wunderbar im Mondenschein
Und die stillen Schlösser sehen
In den Fluß vom hohen Stein?

Kennst du noch die irren Lieder
Aus der alten, schönen Zeit?
Sie erwachen alle wieder
Nachts in Waldeseinsamkeit,
Wenn die Bäume träumend lauschen
Und der Flieder duftet schwül
Und im Fluß die Nixen rauschen –
Komm herab, hier ists so kühl.

Nachtzauber

Hörst du nicht die Quellen gehen
Zwischen Stein und Blumen weit
Nach den stillen Waldesseen,

Wo die Marmorbilder stehen
In der schönen Einsamkeit?
Von den Bergen sacht hernieder,
Weckend die uralten Lieder,
Steigt die wunderbare Nacht,
Und die Gründe glänzen wieder,
Wie dus oft im Traum gedacht.

Kennst die Blume du, entsprossen
In dem mondbeglänzten Grund?
Aus der Knospe, halb erschlossen,
Junge Glieder blühend sprossen,
Weiße Arme, roter Mund,
Und die Nachtigallen schlagen,
Und rings hebt es an zu klagen,
Ach, vor Liebe todeswund,
Von versunknen schönen Tagen –
Komm, o komm zum stillen Grund!

Glückliche Fahrt

Wünsche sich mit Wünschen schlagen,
Und die Gier wird nie gestillt.
Wer ist in dem wüsten Jagen
Da der Jäger, wer das Wild?
Selig, wer es fromm mag wagen,
Durch das Treiben dumpf und wild
In der festen Brust zu tragen
Heilger Schönheit hohes Bild!

Sieh, da brechen tausend Quellen
Durch die felsenharte Welt,
Und zum Strome wird ihr Schwellen,
Der melodisch steigt und fällt.
Ringsum sich die Fernen hellen,
Gottes Hauch die Segel schwellt –
Rettend spülen dich die Wellen
In des Herzens stille Welt.

An die Waldvögel

Konnt mich auch sonst mit schwingen
Übers grüne Revier,
Hatt ein Herze zum Singen
Und Flügel wie ihr.

Flog über die Felder,
Da blüht' es wie Schnee,
Und herauf durch die Wälder
Spiegelt' die See.

Ein Schiff sah ich gehen
Fort über das Meer,
Meinen Liebsten drin stehen –
Dacht meiner nicht mehr.

Und die Segel verzogen,
Und es dämmert' das Feld,
Und ich hab mich verflogen
In der weiten, weiten Welt.

Frühe

Im Osten grauts, der Nebel fällt,
Wer weiß, wie bald sichs rühret!
Doch schwer im Schlaf noch ruht die Welt,
Von allem nichts verspüret.

Nur eine frühe Lerche steigt,
Es hat ihr was geträumet
Vom Lichte, wenn noch alles schweigt,
Das kaum die Höhen säumet.

Zum Abschied

Der Herbstwind schüttelt die Linde,
Wie geht die Welt so geschwinde!
Halte dein Kindlein warm.
Der Sommer ist hingefahren,
Da wir zusammen waren –
Ach, die sich lieben, wie arm!

Wie arm, die sich lieben und scheiden!
Das haben erfahren wir beiden,
Mir graut vor dem stillen Haus.
Dein Tüchlein noch läßt du wehen,
Ich kanns vor Tränen kaum sehen,
Schau still in die Gasse hinaus.

Die Gassen schauen noch nächtig,
Es rasselt der Wagen bedächtig –

Nun plötzlich rascher der Trott
Durchs Tor in die Stille der Felder,
Da grüßen so mutig die Wälder,
Lieb Töchterlein, fahre mit Gott!

Der Wegelagerer

Es ist ein Land, wo die Philister thronen,
Die Krämer fahren und das Grün verstauben,
Die Liebe selber altklug feilscht mit Hauben –
Herr Gott, wie lang willst du die Brut verschonen!

Es ist ein Wald, der rauscht mit grünen Kronen,
Wo frei die Adler horsten, und die Tauben
Unschuldig girren in den grünen Lauben,
Die noch kein Fuß betrat – dort will ich wohnen!

Dort will ich nächtlich auf die Krämer lauern
Und kühn zerhaun der armen Schönheit Bande,
Die sie als niedre Magd zu Markte führen.
Hoch soll sie stehn auf grünen Felsenmauern,
Daß mahnend über alle stillen Lande
Die Lüfte nachts ihr Zauberlied verführen.

Der Glücksritter

Wenn Fortuna spröde tut,
Laß ich sie in Ruh,
Singe recht und trinke gut,

Und Fortuna kriegt auch Mut,
Setzt sich mit dazu.

Doch ich geb mir keine Müh:
„He, noch eine her!"
Kehr den Rücken gegen sie,
Laß hoch leben die und die –
Das verdrießt sie sehr.

Und bald rückt sie sacht zu mir:
„Hast du deren mehr?"
Wie Sie sehn. – „Drei Kannen schier,
Und das lauter Klebebier!" –
's wird mir gar nicht schwer.

Drauf sie zu mir lächelt fein:
„Bist ein ganzer Kerl!"
Ruft den Kellner, schreit nach Wein,
Trinkt mir zu und schenkt mir ein,
Echte Blum und Perl.

Sie bezahlet Wein und Bier,
Und ich, wieder gut,
Führe sie am Arm mit mir
Aus dem Haus, wie 'n Kavalier,
Alles zieht den Hut.

Der Schreckenberger

Aufs Wohlsein meiner Dame,
Eine Windfahn ist ihr Panier,

Fortuna ist ihr Name,
Das Lager ihr Quartier!

Und wendet sie sich weiter,
Ich kümmre mich nicht drum,
Da draußen ohne Reiter,
Da geht die Welt so dumm.

Statt Pulverblitz und Knattern
Aus jedem wüsten Haus
Gevattern sehn und schnattern
Alle Lust zum Land hinaus.

Fortuna weint vor Ärger,
Es rinnet Perl auf Perl.
„Wo ist der Schreckenberger?
Das war ein andrer Kerl."

Sie tut den Arm mir reichen,
Fama bläst das Geleit,
So zu dem Tempel steigen
Wir der Unsterblichkeit.

Trost

Es haben viel Dichter gesungen
Im schönen deutschen Land,
Nun sind ihre Lieder verklungen,
Die Sänger ruhen im Sand.

Aber so lange noch kreisen
Die Stern um die Erde rund,
Tun Herzen in neuen Weisen
Die alte Schönheit kund.

Im Walde da liegt verfallen
Der alten Helden Haus,
Doch aus den Toren und Hallen
Bricht jährlich der Frühling aus.

Und wo immer müde Fechter
Sinken im mutigen Strauß,
Es kommen frische Geschlechter
Und fechten es ehrlich aus.

An die Dichter

Wo treues Wollen, redlich Streben
Und rechten Sinn der Rechte spürt,
Das muß die Seele ihm erheben,
Das hat mich jedesmal gerührt.

Das Reich des Glaubens ist geendet,
Zerstört die alte Herrlichkeit,
Die Schönheit weinend abgewendet,
So gnadenlos ist unsre Zeit.

O Einfalt gut in frommen Herzen,
Du züchtig schöne Gottesbraut!
Dich schlugen sie mit frechen Scherzen,
Weil dir vor ihrer Klugheit graut.

Wo findst du nun ein Haus, vertrieben,
Wo man dir deine Wunder läßt,
Das treue Tun, das schöne Lieben,
Des Lebens fromm vergnüglich Fest?

Wo findest du den alten Garten,
Dein Spielzeug, wunderbares Kind,
Der Sterne heilge Redensarten,
Das Morgenrot, den frischen Wind?

Wie hat die Sonne schön geschienen!
Nun ist so alt und schwach die Zeit;
Wie stehst so jung du unter ihnen,
Wie wird mein Herz mir stark und weit!

Der Dichter kann nicht mit verarmen;
Wenn alles um ihn her zerfällt,
Hebt ihn ein göttliches Erbarmen –
Der Dichter ist das Herz der Welt.

Den blöden Willen aller Wesen,
Im Irdischen des Herren Spur,
Soll er durch Liebeskraft erlösen,
Der schöne Liebling der Natur.

Drum hat ihm Gott das Wort gegeben,
Das kühn das Dunkelste benennt,
Den frommen Ernst im reichen Leben,
Die Freudigkeit, die keiner kennt,

Da soll er singen frei auf Erden,
In Lust und Not auf Gott vertraun,

Daß aller Herzen freier werden,
Eratmend in die Klänge schaun.

Der Ehre sei er recht zum Horte,
Der Schande leucht er ins Gesicht!
Viel Wunderkraft ist in dem Worte,
Das hell aus reinem Herzen bricht.

Vor Eitelkeit soll er vor allen
Streng hüten sein unschuldges Herz,
Im Falschen nimmer sich gefallen,
Um eitel Witz und blanken Scherz.

Oh, laßt unedle Mühe fahren,
O klingelt, gleißt und spielet nicht
Mit Licht und Gnad, so ihr erfahren,
Zur Sünde macht ihr das Gedicht!

Den lieben Gott laß in dir walten,
Aus frischer Brust nur treulich sing!
Was wahr in dir, wird sich gestalten,
Das andre ist erbärmlich Ding. –

Den Morgen seh ich ferne scheinen,
Die Ströme ziehn im grünen Grund,
Mir ist so wohl! – Die's ehrlich meinen,
Die grüß ich all aus Herzensgrund!

Wünschelrute

Schläft ein Lied in allen Dingen,
Die da träumen fort und fort,
Und die Welt hebt an zu singen,
Triffst du nur das Zauberwort.

Der Freund

Wer auf den Wogen schliefe,
Ein sanft gewiegtes Kind,
Kennt nicht des Lebens Tiefe,
Vor süßem Träumen blind.

Doch wen die Stürme fassen
Zu wildem Tanz und Fest,
Wen hoch auf dunklen Straßen
Die falsche Welt verläßt:

Der lernt sich wacker rühren,
Durch Nacht und Klippen hin
Lernt der das Steuer führen
Mit sichrem, ernstem Sinn.

Der ist vom echten Kerne,
Erprobt zu Lust und Pein,
Der glaubt an Gott und Sterne,
Der soll mein Schiffmann sein!

Kühlrauschend unterm hellen
Tiefblauen Himmelsdom
Treibt seine klaren Wellen
Der ewgen Jugend Strom.

Viel rüstige Gesellen,
Den Argonauten gleich,
Sie fahren auf den Wellen
Ins duftge Frühlingsreich.

Ich aber faß den Becher,
Daß es durchs Schiff erklingt,
Am Mast steh ich als Sprecher,
Der für euch alle singt.

Wie stehn wir hier so helle!
Wird mancher bald schlafen gehn,
O Leben, wie bist du schnelle,
O Leben, wie bist du schön!

Gegrüßt, du weite Runde,
Burg auf der Felsenwand,
Du Land voll großer Kunde,
Mein grünes Vaterland!

Euch möcht ich alles geben,
Und ich bin fürstlich reich,
Mein Herzblut und mein Leben,
Ihr Brüder, alles für euch!

So fahrt im Morgenschimmer!
Seis Donau oder Rhein,
Ein rechter Strom bricht immer
Ins ewge Meer hinein.

Lieber alles

Soldat sein ist gefährlich,
Studieren sehr beschwerlich,
Das Dichten süß und zierlich,
Der Dichter gar possierlich
In diesen wilden Zeiten.
Ich möcht am liebsten reiten,
Ein gutes Schwert zur Seiten,
Die Laute in der Rechten,
Studentenherz zum Fechten.
Ein wildes Roß ists Leben
Die Hufe Funken geben,
Wers ehrlich wagt, bezwingt es,
Und wo es tritt, da klingt es!

Klage

1809

O könnt ich mich niederlegen
Weit in den tiefsten Wald,
Zu Häupten den guten Degen,
Der noch von den Vätern alt,

Und dürft von allem nichts spüren
In dieser dummen Zeit,
Was sie da unten hantieren,
Von Gott verlassen, zerstreut;

Von fürstlichen Taten und Werken,
Von alter Ehre und Pracht,
Und was die Seele mag stärken,
Verträumend die lange Nacht!

Denn eine Zeit wird kommen,
Da macht der Herr ein End,
Da wird den Falschen genommen
Ihr unechtes Regiment.

Denn wie die Erze vom Hammer,
So wird das lockre Geschlecht
Gehaun sein von Not und Jammer
Zu festem Eisen recht.

Da wird Aurora tagen
Hoch über den Wald hinauf,
Da gibts was zu singen und schlagen,
Da wacht, ihr Getreuen, auf.

Zorn

1810

Seh ich im verfallnen, dunkeln
Haus die alten Waffen hangen,

Zornig aus dem Roste funkeln,
Wenn der Morgen aufgegangen,

Und den letzten Klang verflogen,
Wo im wilden Zug der Wetter,
Aufs gekreuzte Schwert gebogen,
Einst gehaust des Landes Retter;

Und ein neu Geschlecht von Zwergen
Schwindelnd um die Felsen klettern,
Frech, wenns sonnig auf den Bergen,
Feige krümmend sich in Wettern,

Ihres Heilands Blut und Tränen
Spottend noch einmal verkaufen,
Ohne Klage, Wunsch und Sehnen
In der Zeiten Strom ersaufen;

Denk ich dann, wie du gestanden
Treu, da niemand treu geblieben:
Möcht ich, über unsre Schande
Tiefentbrannt in zorngem Lieben,

Wurzeln in der Felsen Marke,
Und empor zu Himmels Lichten
Stumm anstrebend, wie die starke
Riesentanne, mich aufrichten.

Unmut

O Herbst! betrübt verhüllst du
Strom, Wald und Blumenlust,
Erbleichte Flur, wie füllst du
Mit Sehnsucht nun die Brust!

Weit hinter diesen Höhen,
Die hier mich eng umstellt,
Hör ich eratmend gehen
Den großen Strom der Welt.

In lichtem Glanze wandelt
Der Helden heilger Mut,
Es steigt das Land verwandelt
Aus seiner Söhne Blut.

Auch mich füllt männlich Trauern,
Wie euch, bei Deutschlands Wehn –
Und muß in Sehnsuchtsschauern
Hier ruhmlos untergehn!

Der Jäger Abschied

Wer hat dich, du schöner Wald,
Aufgebaut so hoch da droben?
Wohl den Meister will ich loben,
So lang noch mein Stimm erschallt.
Lebe wohl,
Lebe wohl, du schöner Wald!

Tief die Welt verworren schallt,
Oben einsam Rehe grasen,
Und wir ziehen fort und blasen,
Daß es tausendfach verhallt:
Lebe wohl,
Lebe wohl, du schöner Wald!

Banner, der so kühle wallt!
Unter deinen grünen Wogen
Hast du treu uns auferzogen,
Frommer Sagen Aufenthalt!
Lebe wohl,
Lebe wohl, du schöner Wald!

Was wir still gelobt im Wald,
Wollens draußen ehrlich halten,
Ewig bleiben treu die Alten:
Deutsch Panier, das rauschend wallt,
Lebe wohl,
Schirm dich Gott, du schöner Wald!

Abschied

Im Walde bei Lubowitz

O Täler weit, o Höhen,
O schöner, grüner Wald,
Du meiner Lust und Wehen
Andächtger Aufenthalt!
Da draußen, stets betrogen,
Saust die geschäftge Welt,

Schlag noch einmal die Bogen
Um mich, du grünes Zelt!

Wenn es beginnt zu tagen,
Die Erde dampft und blinkt,
Die Vögel lustig schlagen,
Daß dir dein Herz erklingt:
Da mag vergehn, verwehen
Das trübe Erdenleid,
Da sollst du auferstehen
In junger Herrlichkeit!

Da steht im Wald geschrieben
Ein stilles, ernstes Wort
Von rechtem Tun und Lieben,
Und was des Menschen Hort.
Ich habe treu gelesen
Die Worte schlicht und wahr,
Und durch mein ganzes Wesen
Wards unaussprechlich klar.

Bald werd ich dich verlassen,
Fremd in der Fremde gehn,
Auf buntbewegten Gassen
Des Lebens Schauspiel sehn;
Und mitten in dem Leben
Wird deines Ernsts Gewalt
Mich Einsamen erheben,
So wird mein Herz nicht alt.

Waffenstillstand der Nacht

Windsgleich kommt der wilde Krieg geritten,
Durch das Grün der Tod ihm nachgeschritten,
Manch Gespenst steht sinnend auf dem Feld,
Und der Sommer schüttelt sich vor Grausen,
Läßt die Blätter, schließt die grünen Klausen,
Ab sich wendend von der blutgen Welt.

Prächtig war die Nacht nun aufgegangen,
Hatte alle mütterlich umfangen,
Freund und Feind mit leisem Friedenskuß,
Und, als wollt der Herr vom Himmel steigen,
Hört ich wieder durch das tiefe Schweigen
Rings der Wälder feierlichen Gruß.

An meinen Bruder

1815

Was Großes sich begeben,
Der Kön'ge Herrlichkeit,
Du sahsts mit freudgem Beben,
Dir wars vergönnt, zu leben
In dieser Wunderzeit.

Und über diese Wogen
Kam hoch ein himmlisch Bild
Durchs stille Blau gezogen,
Traf mit dem Zauberbogen
Dein Herz so fest und mild.

O wunderbares Grauen,
Zur selben Stund den Herrn
Im Wetterleuchten schauen,
Und über den stummen Gauen
Schuldloser Liebe Stern!

Und hat nun ausgerungen
Mein Deutschland siegeswund:
Was damals Lieb gesungen,
Was Schwerter dir geklungen,
Klingt fort im Herzensgrund.

Laß bilden die Gewalten!
Was davon himmlisch war,
Kann nimmermehr veralten,
Wird in der Brust gestalten
Sich manches stille Jahr.

Die Fesseln müssen springen,
Ja, endlich macht sichs frei,
Und Großes wird gelingen
Durch Taten oder Singen,
Vor Gott ists einerlei.

Der neue Rattenfänger

Juchheisa! Und ich führ den Zug
Hopp über Feld und Graben.
Des alten Plunders ist genug,
Wir wollen neuen haben.

Was! Wir gering? Ihr vornehm, reich?
Planierend schwirrt die Schere,
Seid Lumps wie wir, so sind wir gleich,
Hübsch breit wird die Misere!

Das alte Lied, das spiel ich neu,
Da tanzen alle Leute,
Das ist die Vaterländerei,
O Herr, mach uns gescheute! –

Bei Halle

Da steht eine Burg überm Tale
Und schaut in den Strom hinein,
Das ist die fröhliche Saale,
Das ist der Gibichenstein.

Da hab ich so oft gestanden,
Es blühten Täler und Höhn,
Und seitdem in allen Landen
Sah ich nimmer die Welt so schön!

Durchs Grün da Gesänge schallten,
Von Rossen, zu Lust und Streit,
Schauten viel schlanke Gestalten,
Gleichwie in der Ritterzeit.

Wir waren die fahrenden Ritter,
Eine Burg war noch jedes Haus,
Es schaute durchs Blumengitter
Manch schönes Fräulein heraus.

Das Fräulein ist alt geworden,
Und unter Philistern umher
Zerstreut ist der Ritterorden,
Kennt keiner den andern mehr.

Auf dem verfallenen Schlosse,
Wie der Burggeist, halb im Traum,
Steh ich jetzt ohne Genossen
Und kenne die Gegend kaum.

Und Lieder und Lust und Schmerzen,
Wie liegen sie nun so weit –
O Jugend, wie tut im Herzen
Mir deine Schönheit so leid.

In Danzig

1842

Dunkle Giebel, hohe Fenster,
Türme tief aus Nebeln sehn,
Bleiche Statuen wie Gespenster
Lautlos an den Türen stehn.

Träumerisch der Mond drauf scheinet,
Dem die Stadt gar wohl gefällt,
Als läg zauberhaft versteinet
Drunten eine Märchenwelt.

Ringsher durch das tiefe Lauschen,
Über alle Häuser weit,

Nur des Meeres fernes Rauschen –
Wunderbare Einsamkeit!

Und der Türmer wie vor Jahren
Singet ein uraltes Lied:
Wolle Gott den Schiffer wahren,
Der bei Nacht vorüberzieht!

Abschied

Laß, Leben, nicht so wild die Locken wehen!
Es will so rascher Ritt mir nicht mehr glücken,
Hoch überm Land von diamantnen Brücken:
Mir schwindelt, in den Glanz hinabzusehen.

„Vom Rosse spielend meine Blicke gehen
Nach jüngern Augen, die mein Herz berücken,
Horch, wie der Frühling aufjauchzt vor Entzücken,
Kannst du nicht mit hinab, laß ich dich stehen.“

Kaum noch herzinnig mein, wendst du dich wieder,
Ist das der Lohn für deine treusten Söhne?
Dein trunkner Blick, fast möcht er mich erschrecken.

„Wer sagt’ dir, daß ich treu, weil ich so schöne?
Leb wohl, und streckst du müde einst die Glieder,
Will ich mit Blumen dir den Rasen decken.“

Memento

Solange Recht regiert und schöne Sitte,
Du schlicht und gläubig gehst in sichrer Mitte,
Da trittst du siegreich zwischen Molch und Drachen,
Und wo du ruhst, da wird ein Engel wachen.
Doch wenn die Kräft, die wir „Uns selber" nennen,
Die wir mit Schaudern raten und nicht kennen,
Gebundne Bestien, wie geklemmt in Mauern,
Die nach der alten Freiheit dunkel lauern –
Wenn die rebellisch sich von dir lossagen,
Gewohnheit, Glauben, Sitt und Recht zerschlagen,
Und stürmend sich zum Elemente wenden:
Mußt Gott du werden oder teuflisch enden.

Durch!

Laß dich die Welt nicht fangen,
Brich durch, mein freudig Herz,
Ein ernsteres Verlangen
Erheb dich himmelwärts!

Greif in die goldnen Saiten,
Da spürst du, daß du frei,
Es hellen sich die Zeiten,
Aurora scheinet neu.

Es mag, will alles brechen,
Die gotterfüllte Brust
Mit Tönen wohl besprechen
Der Menschen Streit und Lust.

Und eine Welt von Bildern
Baut sich da auf so still,
Wenn draußen dumpf verwildern
Die alte Schönheit will.

Weltlauf

Was du gestern frisch gesungen,
Ist doch heute schon verklungen,
Und beim letzten Klange schreit
Alle Welt nach Neuigkeit.

War ein Held, der legt' verwegen
Einstmals seinen blutgen Degen
Als wie Gottes schwere Hand
Über das erschrockne Land.

Mußts doch blühn und rauschen lassen,
Und den toten Löwen fassen
Knaben nun nach Jungenart
Ungestraft an Mähn und Bart.

So viel Gipfel als da funkeln,
Sahn wir abendlich verdunkeln,
Und es hat die alte Nacht
Alles wieder gleich gemacht.

Wie im Turm der Uhr Gewichte
Rücket fort die Weltgeschichte,
Und der Zeiger schweigend kreist,
Keiner rät, wohin er weist.

Aber wenn die ehrnen Zungen
Nun zum letztenmal erklungen,
Auf den Turm der Herr sich stellt,
Um zu richten diese Welt.

Und der Herr hat nichts vergessen,
Was geschehen, wird er messen
Nach dem Maß der Ewigkeit –
O wie klein ist doch die Zeit!

Deutschlands künftiger Retter

1857

Kein Zauberwort kann mehr den Ausspruch mildern,
Das sündengraue Alte ist gerichtet,
Da Gott nun selbst die Weltgeschichte dichtet
Und auf den Höhen zürnend Engel schildern:

Die Babel bricht mit ihren Götzenbildern,
Ein junger Held, der mit dem Schwerte schlichtet,
Daß Stein auf Stein, ein Trümmerhauf, geschichtet,
Die Welt vergeht in schauerndem Verwildern.

Doch eins, das alle hastig übersehen,
Das Kreuz, bleibt auf den Trümmern einsam stehen;
Da sinkt ins Knie der Held, ein arbeitsmüder,

Und vor dem Bild, das alle will versöhnen,
Legt er dereinst die blutgen Waffen nieder
Und weist den neuen Bau den freien Söhnen.

An die Freunde

Der Jugend Glanz, der Sehnsucht irre Weisen,
Die tausend Ströme durch das duftge Land,
Es zieht uns all zu seinen Zauberkreisen. –
Wem Gottesdienst in tiefster Brust entbrannt,
Der sieht mit Wehmut ein unendlich Reisen
Zu ferner Heimat, die er fromm erkannt:
Und was sich *spielend* wob als irdsche Blume,
Wölbt still den Kelch zum *ernsten* Heiligtume.

So schauet denn das buntbewegte Leben
Ringsum von meines Gartens heitrer Zinn,
Daß hoch die Bilder, die noch dämmernd schweben –
Wo Morgenglanz geblendet meinen Sinn –
An eurem Blick erwachsen und sich heben.
Verwüstend rauscht die Zeit darüber hin;
In euren treuen Herzen neu geboren,
Sind sie im wilden Strome unverloren.

Liebe, wunderschönes Leben

Liebe, wunderschönes Leben,
Willst du wieder mich verführen,
Soll ich wieder Abschied geben
Fleißig ruhigem Studieren?

Offen stehen Fenster, Türen,
Draußen Frühlingsboten schweben,
Lerchen schwirrend sich erheben,
Echo will im Wald sich rühren.

Wohl, da hilft kein Widerstreben,
Tief im Herzen muß ichs spüren:
Liebe, wunderschönes Leben,
Wieder wirst du mich verführen!

Jagdlied

Durch schwankende Wipfel
Schießt güldner Strahl,
Tief unter den Gipfeln
Das neblige Tal.

Fern hallt es am Schlosse,
Das Waldhorn ruft,
Es wiehern die Rosse
In die Luft, in die Luft!

Bald Länder und Seen
Durch Wolkenzug
Tief schimmernd zu sehen
In schwindelndem Flug,
Bald Dunkel wieder
Hüllt Reiter und Roß,
O Lieb, o Liebe
So laß mich los! —

Immer weiter und weiter
Die Klänge ziehn,
Durch Wälder und Heiden
Wohin, ach wohin?

Erquickliche Frische!
Süß-schaurige Lust!
Hoch flattern die Büsche,
Frei schlägt die Brust.

Frühlingsgruß

Es steht ein Berg in Feuer,
In feurigem Morgenbrand,
Und auf des Berges Spitze
Ein Tannbaum überm Land.

Und auf dem höchsten Wipfel
Steh ich und schau vom Baum,
O Welt, du schöne Welt, du,
Man sieht dich vor Blüten kaum!

Frühlingsdämmerung

In der stillen Pracht,
In allen frischen Büschen und Bäumen
Flüsterts wie Träumen
Die ganze Nacht.
Denn über den mondbeglänzten Ländern
Mit langen weißen Gewändern
Ziehen die schlanken
Wolkenfraun wie geheime Gedanken,
Senden von den Felsenwänden
Hinab die behenden

Frühlingsgesellen, die hellen Waldquellen,
Die's unten bestellen
An die duftgen Tiefen,
Die gerne noch schliefen.
Nun wiegen und neigen in ahnendem Schweigen
Sich alle so eigen
Mit Ähren und Zweigen,
Erzählens den Winden,
Die durch die blühenden Linden
Vorüber den grasenden Rehen
Säuselnd über die Seen gehen,
Daß die Nixen verschlafen auftauchen
Und fragen,
Was sie so lieblich hauchen –
Wer mag es wohl sagen?

Elfe

Bleib bei uns! Wir haben den Tanzplan im Tal
Bedeckt mit Mondesglanze,
Johanniswürmchen erleuchten den Saal,
Die Heimchen spielen zum Tanze.

Die Freude, das schöne leichtgläubige Kind,
Es wiegt sich in Abendwinden:
Wo Silber auf Zweigen und Büschen rinnt,
Da wirst du die Schönste finden!

Die Lerche

1

Ich kann hier nicht singen,
Aus dieser Mauern dunklen Ringen
Muß ich mich schwingen
Vor Lust und tiefem Weh.
O Freude, in klarer Höh
Zu sinken und sich zu heben,
In Gesang
Über die grüne Erde dahin zu schweben,
Wie unten die licht' und dunkeln Streifen
Wechselnd im Fluge vorüberschweifen,
Aus der Tiefe ein Wirren und Rauschen und Häm-
           mern,
Die Erde aufschimmernd im Frühlingsdämmern,
Wie ist die Welt so voller Klang!
Herz, was bist du bang?
Mußt aufwärts dringen!
Die Sonne tritt hervor,
Wie glänzen mir Brust und Schwingen,
Wie still und weit ists droben am Himmelstor!

2

Ich hörte in Träumen
Ein Rauschen gehn,
Und sah die Wipfel sich säumen
Von allen Höhn –
Ists ein Brand, ists die Sonne?
Ich weiß es nicht,
Doch ein Schauer voll Wonne

Durch die Seele bricht.
Schon blitzts aus der Tiefe und schlagen
Die Glocken und schlängelnder Ströme Lauf
Rauscht glänzend her,
Und die glühenden Berge ragen
Wie Inseln aus weitem dämmernden Meer.
Noch kann ich nichts sagen,
Beglänzt die Brust,
Nur mit den Flügeln schlagen
Vor großer selger Lust!

Nachtigall

Nach den schönen Frühlingstagen,
Wenn die blauen Lüfte wehen,
Wünsche mit dem Flügel schlagen
Und im Grünen Amor zielt,
Bleibt ein Jauchzen auf den Höhen;
Und ein Wetterleuchten spielt
Aus der Ferne durch die Bäume
Wunderbar die ganze Nacht,
Daß die Nachtigall erwacht,
Von den irren Widerscheinen,
Und durch alle selge Gründe
In der Einsamkeit verkünde,
Was sie alle, alle meinen:
Dieses Rauschen in den Bäumen
Und der Mensch in dunklen Träumen.

Adler

Steig nur, Sonne,
Auf die Höhn!
Schauer wehn,
Und die Erde bebt vor Wonne.

Kühn nach oben
Greift aus Nacht
Waldespracht,
Noch von Träumen kühl durchwoben.

Und vom hohen
Felsaltar
Stürzt der Aar
Und versinkt in Morgenlohen.

Frischer Morgen!
Frisches Herz,
Himmelwärts!
Laß den Schlaf nun, laß die Sorgen!

Die Sperlinge

Altes Haus mit deinen Löchern,
Geizger Bauer, nun ade!
Sonne scheint, von allen Dächern
Tröpfelt lustig schon der Schnee,
Draußen auf dem Zaune munter
Wetzen unsre Schnäbel wir,

Durch die Hecken rauf und runter,
In dem Baume vor der Tür
Tummeln wir in hellen Haufen
Uns mit großem Kriegsgeschrei,
Um die Liebste uns zu raufen,
Denn der Winter ist vorbei!

Mädchenseele

Gar oft schon fühlt ichs tief, des Mädchens Seele
Wird nicht sich selbst, dem Liebsten nur geboren.
Da irrt sie nun verstoßen und verloren,
Schickt heimlich Blicke schön als Boten aus,
Daß sie auf Erden suchen ihr ein Haus.
Sie schlummert in der Schwüle, leicht bedeckt,
Lächelt im Schlafe, atmet warm und leise,
Doch die Gedanken sind fern auf der Reise,
Und auf den Wangen flattert träumrisch Feuer,
Hebt buhlend oft der Wind den zarten Schleier.
Der Mann, der da zum erstenmal sie weckt,
Zuerst hinunterlangt in diese Stille,
Dem fällt sie um den Hals vor Freude bang
Und läßt ihn nicht mehr all ihr Lebelang.

Abendständchen

Schlafe Liebchen, weils auf Erden
Nun so still und seltsam wird!
Oben gehn die goldnen Herden,
Für uns alle wacht der Hirt.

In der Ferne ziehn Gewitter;
Einsam auf dem Schifflein schwank,
Greif ich draußen in die Zither,
Weil mir gar so schwül und bang.

Schlingend sich an Bäum und Zweigen,
In dein stilles Kämmerlein
Wie auf goldnen Leitern steigen
Diese Töne aus und ein.

Und ein wunderschöner Knabe
Schifft hoch über Tal und Kluft,
Rührt mit seinem goldnen Stabe
Säuselnd in der lauen Luft.

Und in wunderbaren Weisen
Singt er ein uraltes Lied,
Das in linden Zauberkreisen
Hinter seinem Schifflein zieht.

Ach, den süßen Klang verführet
Weit der buhlerische Wind,
Und durch Schloß und Wand ihn spüret
Träumend jedes schöne Kind.

Wahl

Der Tanz, der ist zerstoben,
Die Musik ist verhallt,
Nun kreisen Sterne droben,
Zum Reigen singt der Wald.

Sind alle fortgezogen,
Wie ists nun leer und tot!
Du rufst vom Fensterbogen:
„Wann kommt das Morgenrot!"

Mein Herz möcht mir zerspringen,
Darum so wein ich nicht,
Darum so muß ich singen,
Bis daß der Tag anbricht.

Eh es beginnt zu tagen:
Der Strom geht still und breit,
Die Nachtigallen schlagen,
Mein Herz wird mir ʃo weit!

Du trägst so rote Rosen,
Du schaust so freudenreich,
Du kannst so fröhlich kosen,
Was stehst du still und bleich?

Und laß sie gehn und treiben
Und wieder nüchtern sein,
Ich will wohl bei dir bleiben!
Ich will dein Liebster sein!

Die Stille

Es weiß und rät es doch keiner,
Wie mir so wohl ist, so wohl!
Ach, wüßt es nur *einer*, nur *einer*,
Kein Mensch es sonst wissen sollt!

So still ists nicht draußen im Schnee,
So stumm und verschwiegen sind
Die Sterne nicht in der Höhe,
Als meine Gedanken sind.

Ich wünscht, es wäre schon Morgen,
Da fliegen zwei Lerchen auf,
Die überfliegen einander,
Mein Herze folgt ihrem Lauf.

Ich wünscht, ich wäre ein Vöglein
Und zöge über das Meer,
Wohl über das Meer und weiter,
Bis daß ich im Himmel wär!

Die Studenten

Die Jäger ziehn in grünen Wald
Und Reiter blitzend übers Feld,
Studenten durch die ganze Welt,
So weit der blaue Himmel wallt.

Der Frühling ist der Freudensaal,
Viel tausend Vöglein spielen auf,
Da schallts im Wald bergab, bergauf:
Grüß dich, mein Schatz, viel tausendmal!

Viel rüstige Bursche ritterlich,
Die fahren hier in Stromes Mitt,

Wie wilde sie auch stellen sich,
Trau mir, mein Kind, und fürcht dich nicht!

Querüber übers Wasser glatt
Laß werben deine Äugelein,
Und der dir wohlgefallen hat,
Der soll dein lieber Buhle sein.

Durch Nacht und Nebel schleich ich sacht,
Kein Lichtlein brennt, kalt weht der Wind,
Riegl auf, riegl auf bei stiller Nacht,
Weil wir so jung beisammen sind!

Ade nun, Kind, und nicht geweint!
Schon gehen Stimmen da und dort,
Hoch übern Wald Aurora scheint,
Und die Studenten reisen fort.

Der Gärtner

Wohin ich geh und schaue,
In Feld und Wald und Tal,
Vom Berg hinab in die Aue:
Viel schöne, hohe Fraue,
Grüß ich dich tausendmal.

In meinem Garten find ich
Viel Blumen, schön und fein,
Viel Kränze wohl draus wind ich
Und tausend Gedanken bind ich
Und Grüße mit darein.

Ihr darf ich keinen reichen,
Sie ist zu hoch und schön,
Die müssen alle verbleichen,
Die Liebe nur ohnegleichen
Bleibt ewig im Herzen stehn.

Ich schein wohl froher Dinge
Und schaffe auf und ab,
Und, ob das Herz zerspringe,
Ich grabe fort und singe
Und grab mir bald mein Grab.

Übermut

Ein' Gems auf dem Stein,
Ein' Vogel im Flug,
Ein Mädel, das klug,
Kein Bursch holt die ein.

Der Bote

Am Himmelsgrund schießen
So lustig die Stern,
Dein Schatz läßt dich grüßen
Aus weiter, weiter Fern!

Hat eine Zither gehangen
An der Tür unbeacht',
Der Wind ist gegangen
Durch die Saiten bei Nacht.

Schwang sich auf dann vom Gitter
Über die Berge, übern Wald –
Mein Herz ist die Zither,
Gibt ein'n fröhlichen Schall.

Der Winzer

Es hat die Nacht geregnet,
Es zog noch grau ins Tal,
Und ruhten still gesegnet
Die Felder überall;
Von Lüften kaum gefächelt,
Durchs ungewisse Blau
Die Sonne verschlafen lächelt'
Wie eine wunderschöne Frau.

Nun sah ich auch sich heben
Aus Nebeln unser Haus,
Du dehntest zwischen den Reben
Dich von der Schwelle hinaus,
Da funkelt' auf einmal vor Wonne
Der Strom und Wald und Au –
Du bist mein Morgen, meine Sonne,
Meine liebe, verschlafene Frau!

Der verzweifelte Liebhaber

Studieren will nichts bringen,
Mein Rock hält keinen Stich,

Meine Zither will nicht klingen,
Mein Schatz, der mag mich nicht.

Ich wollt, im Grün spazierte
Die allerschönste Frau,
Ich wär ein Drach und führte
Sie mit mir fort durchs Blau.

Ich wollt, ich jagt gerüstet
Und legt die Lanze aus,
Und jagte all Philister
Zur schönen Welt hinaus.

Ich wollt, ich säß jetzunder
Im Himmel still und weit,
Und früg nach all dem Plunder
Nichts vor Zufriedenheit.

Der Glückliche

Ich hab ein Liebchen lieb recht von Herzen,
Hellfrische Augen hats wie zwei Kerzen,
Und wo sie spielend streifen das Feld,
Ach, wie so lustig glänzet die Welt!

Wie in der Waldnacht zwischen den Schlüften
Plötzlich die Täler sonnig sich klüften,
Funkeln die Ströme, rauscht himmelwärts
Blühende Wildnis – so ist mein Herz!

Wie vom Gebirge ins Meer zu schauen,
Wie wenn der Seefalk, hangend im Blauen,
Zuruft der dämmernden Erd, wo sie blieb? –
So unermeßlich ist rechte Lieb!

Die Nachtblume

Nacht ist wie ein stilles Meer,
Lust und Leid und Liebesklagen
Kommen so verworren her
In dem linden Wellenschlagen.

Wünsche wie die Wolken sind,
Schiffen durch die stillen Räume,
Wer erkennt im lauen Wind,
Obs Gedanken oder Träume? –

Schließ ich nun auch Herz und Mund,
Die so gern den Sternen klagen:
Leise doch im Herzensgrund
Bleibt das linde Wellenschlagen.

An eine Tänzerin

Kastagnetten lustig schwingen
Seh ich dich, du zierlich Kind!
Mit der Locken schwarzen Ringen
Spielt der sommerlaue Wind.
Künstlich regst du schöne Glieder,

Glühendwild,
Zärtlichmild
Tauchest in Musik du nieder
Und die Woge hebt dich wieder.

Warum sind so blaß die Wangen,
Dunkelfeucht der Augen Glanz,
Und ein heimliches Verlangen
Schimmert glühend durch den Tanz?
Schalkhaft lockend schaust du nieder,
Liebesnacht
Süß erwacht,
Wollüstig erklingen Lieder –
Schlag nicht so die Augen nieder!

Wecke nicht die Zauberlieder
In der dunklen Tiefe Schoß,
Selbst verzaubert sinkst du nieder,
Und sie lassen dich nicht los.
Tödlich schlingt sich um die Glieder
Sündlich Glühn,
Und verblühn
Müssen Schönheit, Tanz und Lieder,
Ach, ich kenne dich nicht wieder!

Der Kranke

Vögelein munter
Singen so schön,
Laßt mich hinunter
Spazieren gehn!

„Nacht ists ja draußen;
's war nur der Sturm,
Den du hörst sausen
Droben vom Turm."

Liebchen im Garten
Seh ich dort stehn,
Lang mußt sie warten,
O laßt mich gehn.

„Still nur, der blasse
Tod ists, der sacht
Dort durch die Gasse
Schleicht in der Nacht."

Wie mir ergraute,
Bleiches Gesicht!
Gebt mir die Laute,
Mir wird so licht!

„Was willst du singen
In tiefster Not?
Lenz, Lust vergingen,
Liebchen ist tot!" –

Laßt mich, Gespenster!
Lied, riegl auf die Gruft!
Öffnet die Fenster,
Luft, frische freie Luft!

Fernher ziehn wir durch die Gassen,
Stehn im Regen und im Wind,
Wohl von aller Welt verlassen
Arme Musikanten sind.
Aus den Fenstern Geigen klingen,
Schleift und dreht sichs bunt und laut,
Und wir Musikanten singen
Draußen da der reichen Braut.

Wollt sie doch keinen andern haben,
Ging mit mir durch Wald und Feld,
Prächtig in den blauen Tagen
Schien die Sonne auf die Welt.
Heisa: lustig Drehn und Ringen,
Jeder hält sein Liebchen warm,
Und wir Musikanten singen
Lustig so, daß Gott erbarm.

Lachend reicht man uns die Neigen,
Auf ihr Wohlsein trinken wir;
Wollt sie sich am Fenster zeigen,
's wäre doch recht fein von ihr.
Und wir fiedeln und wir singen
Manche schöne Melodei,
Daß die besten Saiten springen,
's war, als spräng mirs Herz entzwei.

Jetzt ist Schmaus und Tanz zerstoben,
Immer stiller wirds im Haus,

Und die Mägde putzen oben
Alle lustgen Kerzen aus.
Doch wir blasen recht mit Rasen
Jeder in sein Instrument,
Möcht in meinem Grimm ausblasen
Alle Stern' am Firmament!

Und am Hause seine Runde
Tritt der Wächter gähnend an,
Rufet aus die Schlafensstunde,
Und sieht ganz erbost uns an.
Doch nach ihrem Kabinette
Schwing ich noch mein Tamburin,
Fahr wohl in dein Himmelbette,
Weil wir müssen weiter ziehn!

Verlorene Liebe

Lieder schweigen jetzt und Klagen,
Nun will ich erst fröhlich sein,
All mein Leid will ich zerschlagen
Und Erinnern – gebt mir Wein!
Wie er mir verlockend spiegelt
Sterne und der Erde Lust,
Stillgeschäftig dann entriegelt
All die Teufel in der Brust,
Erst der Knecht und dann der Meister,
Bricht er durch die Nacht herein,
Wildester der Lügengeister,
Ring mit mir, ich lache dein!

Und den Becher voll Entsetzen
Werf ich in des Stromes Grund,
Daß sich nimmer dran soll letzen
Wer noch fröhlich und gesund!

Lauten hör ich ferne klingen,
Lustge Bursche ziehn vom Schmaus,
Ständchen sie den Liebsten bringen,
Und das lockt mich mit hinaus.
Mädchen hinterm blühnden Baume
Winkt und macht das Fenster auf,
Und ich steige wie im Traume
Durch das kleine Haus hinauf.
Schüttle nur die dunklen Locken
Aus dem schönen Angesicht!
Sieh, ich stehe ganz erschrocken:
Das sind *ihre* Augen licht,

Locken hatte sie wie deine,
Bleiche Wangen, Lippen rot –
Ach, du bist ja doch nicht meine,
Und *mein* Lieb ist lange tot!
Hättest du nur nicht gesprochen
Und so frech geblickt nach mir,
Das hat ganz den Traum zerbrochen
Und nun grauet mir vor dir.
Da nimm Geld, kauf Putz und Flimmern,
Fort und lache nicht so wild!
O ich möchte dich zertrümmern,
Schönes, lügenhaftes Bild!

Spät von dem verlornen Kinde
Kam ich durch die Nacht daher,
Fahnen drehten sich im Winde,
Alle Gassen waren leer.
Oben lag noch meine Laute
Und mein Fenster stand noch auf,
Aus dem stillen Grunde graute
Wunderbar die Stadt herauf.
Draußen aber blitzts vom weiten,
Alter Zeiten ich gedacht,
Schaudernd reiß ich in den Saiten
Und ich sing die halbe Nacht.
Die verschlafnen Nachbarn sprechen,
Daß ich nächtlich trunken sei –
O du mein Gott! und mir brechen
Herz und Saitenspiel entzwei!

Das Ständchen

Auf die Dächer zwischen blassen
Wolken scheint der Mond herfür,
Ein Student dort auf der Gassen
Singt vor seiner Liebsten Tür.

Und die Brunnen rauschen wieder
Durch die stille Einsamkeit,
Und der Wald vom Berge nieder,
Wie in alter, schöner Zeit.

So in meinen jungen Tagen
Hab ich manche Sommernacht

Auch die Laute hier geschlagen
Und manch lustges Lied erdacht.

Aber von der stillen Schwelle
Trugen sie mein Lieb zur Ruh –
Und du, fröhlicher Geselle,
Singe, sing nur immer zu!

Neue Liebe

Herz, mein Herz, warum so fröhlich,
So voll Unruh und zerstreut
Als käm über Berge selig
Schon die schöne Frühlingszeit?

Weil ein liebes Mädchen wieder
Herzlich an dein Herz sich drückt,
Schaust du fröhlich auf und nieder,
Erd und Himmel dich erquickt.

Und ich hab die Fenster offen,
Neu zieh in die Welt hinein
Altes Bangen, altes Hoffen!
Frühling, Frühling soll es sein!

Still kann ich hier nicht mehr bleiben,
Durch die Brust ein Singen irrt,
Doch zu licht ists mir zum Schreiben,
Und ich bin so froh verwirrt.

Also schlendr ich durch die Gassen,
Menschen gehen her und hin,
Weiß nicht, was ich tu und lasse,
Nur, daß ich so glücklich bin.

Frühlingsnacht

Übern Garten durch die Lüfte
Hört ich Wandervögel ziehn,
Das bedeutet Frühlingsdüfte,
Unten fängts schon an zu blühn.

Jauchzen möcht ich, möchte weinen,
Ist mirs doch, als könnts nicht sein!
Alte Wunder wieder scheinen
Mit dem Mondesglanz herein.

Und der Mond, die Sterne sagens,
Und in Träumen rauschts der Hain,
Und die Nachtigallen schlagens:
Sie ist Deine, sie ist dein!

Frau Venus

Was weckst du, Frühling, mich von neuem wieder?
Daß all die alten Wünsche auferstehen,
Geht übers Land ein wunderbares Wehen;
Das schauert mir so lieblich durch die Glieder.

Die schöne Mutter grüßen tausend Lieder,
Die, wieder jung, im Brautkranz süß zu sehen;
Der Wald will sprechen, rauschend Ströme gehen,
Najaden tauchen singend auf und nieder.

Die Rose seh ich gehn aus grüner Klause
Und, wie so buhlerisch die Lüfte fächeln,
Errötend in die laue Flut sich dehnen.

So mich auch ruft ihr aus dem stillen Hause –
Und schmerzlich nun muß ich im Frühling lächeln,
Versinkend zwischen Duft und Klang vor Sehnen.

Glück

Wie jauchzt meine Seele
Und singet in sich!
Kaum, daß ichs verhehle,
So glücklich bin ich.

Rings Menschen sich drehen
Und sprechen gescheut,
Ich kann nichts verstehen,
So fröhlich zerstreut. –

Zu eng wird das Zimmer,
Wie glänzet das Feld,
Die Täler voll Schimmer,
Weit herrlich die Welt!

Gepreßt bricht die Freude
Durch Riegel und Schloß,
Fort über die Heide!
Ach, hätt ich ein Roß! –

Und frag ich und sinn ich,
Wie *so* mir geschehn?: –
Mein Liebchen herzinnig,
Das soll ich heut sehn!

Verschwiegene Liebe

Über Wipfel und Saaten
In den Glanz hinein –
Wer mag sie erraten.
Wer holte sie ein?
Gedanken sich wiegen,
Die Nacht ist verschwiegen,
Gedanken sind frei.

Errät es nur eine,
Wer an sie gedacht,
Beim Rauschen der Haine,
Wenn niemand mehr wacht,
Als die Wolken, die fliegen –
Mein Lieb ist verschwiegen
Und schön wie die Nacht.

Die Einsame

Wärs dunkel, ich läg im Walde,
Im Walde rauschts so sacht,
Mit ihrem Sternenmantel
Bedecket mich da die Nacht,
Da kommen die Bächlein gegangen:
Ob ich schon schlafen tu?
Ich schlaf nicht, ich hör noch lange
Den Nachtigallen zu,
Wenn die Wipfel über mir schwanken,
Es klinget die ganze Nacht,
Das sind im Herzen die Gedanken,
Die singen, wenn niemand wacht.

Seliges Vergessen

Aus dem Spanischen

Im Winde fächeln,
Mutter, die Blätter,
Und bei dem Säuseln
Schlummre ich ein.

Über mir schwanken
Und spielen die Winde,
Wiegen so linde
Das Schiff der Gedanken,
Wie wenn ohne Schranken
Der Himmel mir offen,
Daß still wird mein Hoffen

Und Frieden ich finde,
Und bei dem Säuseln
Schlummre ich ein.

Erwachend dann sehe,
Als ob sie mich kränzen,
Rings Blumen ich glänzen,
Und all meine Wehen
Verschweben, vergehen,
Der Traum hält sie nieder,
Und Leben gibt wieder
Das Flüstern der Blätter,
Und bei dem Säuseln
Schlummre ich ein.

An Luise

1816

Ich wollt in Liedern oft dich preisen,
Die wunderstille Güte,
Wie du ein halbverwildertes Gemüte
Dir liebend hegst und heilst auf tausend süße
                                        Weisen,
Des Mannes Unruh und verworrnem Leben
Durch Tränen lächelnd bis zum Tod ergeben.

Doch wie den Blick ich dichtend wende,
So schön in stillem Harme
Sitzt du vor mir, das Kindlein auf dem Arme,
Im blauen Auge Treu und Frieden ohne Ende,

Und alles laß ich, wenn ich dich so schaue –
Ach, wen Gott lieb hat, gab er solche Fraue!

Im Abendrot

Wir sind durch Not und Freude
Gegangen Hand in Hand,
Vom Wandern ruhn wir beide
Nun überm stillen Land.

Rings sich die Täler neigen,
Es dunkelt schon die Luft,
Zwei Lerchen nur noch steigen
Nachträumend in den Duft.

Tritt her, und laß sie schwirren,
Bald ist es Schlafenszeit,
Daß wir uns nicht verirren
In dieser Einsamkeit.

O weiter, stiller Friede!
So tief im Abendrot
Wie sind wir wandermüde –
Ist das etwa der Tod?

Die Zeit geht schnell

Lieb Vöglein, vor Blüten
Sieht man dich kaum!
Vom dämmernd beglühten
Flüsternden Baum,
Wann von blitzenden Funken
Sprühn Täler und Quell,
Singst du frühlingstrunken –
Aber die Zeit geht schnell.

Wie balde muß lassen
Sein' Blätter der Wald,
Die Blumen erblassen,
Die Gegend wird alt,
Erstarrt ist im Eise
Der muntere Quell –
Rüst die Flügel zur Reise,
Denn die Zeit geht schnell!

Treue

Wenn schon alle Vögel schweigen
In des Sommers schwülem Drang,
Sieht man, Lerche, dich noch steigen
Himmelwärts mit frischem Klang.

Wenn die Bäume all verzagen
Und die Farben rings verblühn,
Tannbaum, deine Kronen ragen
Aus der Öde ewiggrün.

Darum halt nur fest die Treue,
Wird die Welt auch alt und bang,
Brich den Frühling an aufs neue,
Wunder tut ein rechter Klang!

Der Vögel Abschied

Ade, ihr Felsenhallen,
Du schönes Waldrevier,
Die falben Blätter fallen,
Wir ziehen weit von hier.

Träumt fort im stillen Grunde!
Die Berg stehn auf der Wacht,
Die Sterne machen Runde
Die lange Winternacht.

Und ob sie all verglommen,
Die Täler und die Höhn –
Lenz muß doch wiederkommen
Und alles auferstehn!

Nachklänge

1

O Herbst, in linden Tagen
Wie hast du rings dein Reich

Phantastisch aufgeschlagen,
So bunt und doch so bleich!

Wie öde, ohne Brüder,
Mein Tal so weit und breit,
Ich kenne dich kaum wieder
In dieser Einsamkeit.

So wunderbare Weise
Singt nun dein bleicher Mund,
Es ist, als öffnet' leise
Sich unter mir der Grund.

Und ich ruht überwoben,
Du sängest immerzu,
Die Linde schüttelt' oben
Ihr Laub und deckt' mich zu.

2

An meinen Bruder

Gedenkst du noch des Gartens
Und Schlosses überm Wald,
Des träumenden Erwartens:
Obs denn nicht Frühling bald?

Der Spielmann war gekommen,
Der jeden Lenz singt aus,
Er hat uns mitgenommen
Ins blühnde Land hinaus.

Wie sind wir doch im Wandern
Seitdem so weit zerstreut!
Frägt einer nach dem andern,
Doch niemand gibt Bescheid.

Nun steht das Schloß versunken
Im Abendrote tief,
Als ob dort traumestrunken
Der alte Spielmann schlief.

Gestorben sind die Lieben,
Das ist schon lange her,
Die wen'gen, die geblieben,
Sie kennen uns nicht mehr.

Und fremde Leute gehen
Im Garten vor dem Haus –
Doch übern Garten sehen
Nach *uns* die Wipfel aus.

Doch rauscht der Wald im Grunde
Fort durch die Einsamkeit
Und gibt noch immer Kunde
Von unsrer Jugendzeit.

Bald mächtger und bald leise
In jeder guten Stund
Geht diese Waldesweise
Mir durch der Seele Grund.

Und stamml ich auch nur bange,
Ich sing es, weil ich muß,

Du hörst doch in dem Klange
Den alten Heimatsgruß.

Sonett

Wenn zwei geschieden sind von Herz und Munde,
Da ziehn Gedanken über Berg und Schlüfte
Wie Tauben säuselnd durch die blauen Lüfte,
Und tragen hin und wieder süße Kunde.

Ich schweif umsonst, so weit der Erde Runde,
Und stieg ich hoch auch über alle Klüfte,
Dein Haus ist höher noch als diese Lüfte,
Da reicht kein Laut hin, noch zurück zum Grunde.

Ja, seit du tot – mit seinen blühnden Borden
Wich ringsumher das Leben mir zurücke,
Ein weites Meer, wo keine Bahn zu finden.

Doch ist dein Bild zum Sterne mir geworden,
Der nach der Heimat weist mit stillem Blicke,
Daß fromm der Schiffer streite mit den Winden.

Treue

Wie dem Wanderer in Träumen,
Daß er still im Schlafe weint,
Zwischen goldnen Wolkensäumen
Seine Heimat wohl erscheint:

So durch dieses Frühlings Blühen
Über Berg' und Täler tief,
Sah ich oft dein Bild noch ziehen,
Als obs mich von hinnen rief;

Und mit wunderbaren Wellen
Wie im Traume, halbbewußt,
Gehen ewge Liederquellen
Mir verwirrend durch die Brust.

Gute Nacht

Die Höhn und Wälder schon steigen
Immer tiefer ins Abendgold,
Ein Vöglein frägt in den Zweigen:
Ob es Liebchen grüßen sollt?

O Vöglein, du hast dich betrogen,
Sie wohnet nicht mehr im Tal,
Schwing auf dich zum Himmelsbogen,
Grüß sie droben zum letztenmal!

Auf meines Kindes Tod

1

Was ist mir denn so wehe?
Es liegt ja wie im Traum
Der Grund schon, wo ich stehe,
Die Wälder säuseln kaum

Noch von der dunklen Höhe.
Es komme wie es will,
Was ist mir denn so wehe –
Wie bald wird alles still.

2

Das ists, was mich ganz verstöret:
Daß die Nacht nicht Ruhe hält,
Wenn zu atmen aufgehöret
Lange schon die müde Welt.

Daß die Glocken, die da schlagen,
Und im Wald der leise Wind
Jede Nacht von neuem klagen
Um mein liebes, süßes Kind.

Daß mein Herz nicht konnte brechen
Bei dem letzten Todeskuß,
Daß ich wie im Wahnsinn sprechen
Nun in irren Liedern muß.

3

Von fern die Uhren schlagen,
Es ist schon tiefe Nacht,
Die Lampe brennt so düster,
Dein Bettlein ist gemacht.

Die Winde nur noch gehen
Wehklagend um das Haus,
Wir sitzen einsam drinne
Und lauschen oft hinaus.

Es ist, als müßtest leise
Du klopfen an die Tür,
Du hättst dich nur verirret,
Und kämst nun müd zurück.

Wir armen, armen Toren!
Wir irren ja im Graus
Des Dunkels noch verloren –
Du fandst dich längst nach Haus.

In der Fremde

Aus der Heimat hinter den Blitzen rot
Da kommen die Wolken her,
Aber Vater und Mutter sind lange tot,
Es kennt mich dort keiner mehr.
Wie bald, wie bald kommt die stille Zeit,
Da ruhe ich auch, und über mir
Rauschet die schöne Waldeinsamkeit.
Und keiner mehr kennt mich auch hier.

Vesper

Die Abendglocken klangen
Schon durch das stille Tal,
Da saßen wir zusammen
Da droben wohl hundertmal.

Und unten wars so stille
Im Lande weit und breit,
Nur über uns die Linde
Rauscht' durch die Einsamkeit.

Was gehn die Glocken heute,
Als ob ich weinen müßt?
Die Glocken, die bedeuten,
Daß meine Lieb gestorben ist!

Ich wollt, ich läg begraben
Und über mir rauschte weit
Die Linde jeden Abend
Von der alten, schönen Zeit!

Die Nachtigallen

Möcht wissen, was sie schlagen
So schön bei der Nacht,
's ist in der Welt ja doch niemand,
Der mit ihnen wacht.

Und die Wolken, die reisen,
Und das Land ist so blaß,
Und die Nacht wandert leise
Durch den Wald übers Gras.

Nacht, Wolken, wohin sie gehen,
Ich weiß es recht gut,

Liegt ein Grund hinter den Höhen,
Wo meine Liebste jetzt ruht.

Zieht der Einsiedel sein Glöcklein,
Sie höret es nicht,
Es fallen ihr die Löcklein
Übers ganze Gesicht.

Und daß sie niemand erschrecket,
Der liebe Gott hat sie hier
Ganz mit Mondschein bedecket,
Da träumt sie von mir.

Götterdämmerung

Von kühnen Wunderbildern
Ein großer Trümmerhauf,
In reizendem Verwildern
Ein blühnder Garten drauf;

Versunknes Reich zu Füßen,
Vom Himmel fern und nah,
Aus anderm Reich ein Grüßen –
Das ist Italia!

Wenn Frühlingslüfte wehen
Hold übern grünen Plan,
Ein leises Auferstehen
Hebt in den Tälern an.

Da will sichs unten rühren
Im stillen Göttergrab,
Der Mensch kanns schauernd spüren
Tief in die Brust hinab.

Verwirrend in den Bäumen
Gehn Stimmen hin und her,
Ein sehnsuchtsvolles Träumen
Weht übers blaue Meer.

Und unterm duftgen Schleier,
Sooft der Lenz erwacht,
Webt in geheimer Feier
Die alte Zaubermacht.

Frau Venus hört das Locken,
Der Vögel heitern Chor,
Und richtet froh erschrocken
Aus Blumen sich empor.

Sie sucht die alten Stellen,
Das luftge Säulenhaus,
Schaut lächelnd in die Wellen
Der Frühlingsluft hinaus.

Doch öd sind nun die Stellen,
Stumm liegt ihr Säulenhaus,
Gras wächst da auf den Schwellen,
Der Wind zieht ein und aus.

Wo sind nun die Gespielen?
Diana schläft im Wald,
Neptunus ruht im kühlen
Meerschloß, das einsam hallt.

Zuweilen nur Sirenen
Noch tauchen aus dem Grund,
Und tun in irren Tönen
Die tiefe Wehmut kund. –

Sie selbst muß sinnend stehen
So bleich im Frühlingsschein,
Die Augen untergehen,
Der schöne Leib wird Stein. –

Denn über Land und Wogen
Erscheint, so still und mild,
Hoch auf dem Regenbogen
Ein andres Frauenbild.

Ein Kindlein in den Armen
Die Wunderbare hält,
Und himmlisches Erbarmen
Durchdringt die ganze Welt.

Da in den lichten Räumen
Erwacht das Menschenkind,
Und schüttelt böses Träumen
Von seinem Haupt geschwind.

Und, wie die Lerche singend,
Aus schwülen Zaubers Kluft

Erhebt die Seele ringend
Sich in die Morgenluft.

Mariä Sehnsucht

Es ging Maria in den Morgen hinein,
Tat die Erd einen lichten Liebesschein,
Und über die fröhlichen, grünen Höhn
Sah sie den bläulichen Himmel stehn.
„Ach, hätt ich ein Brautkleid von Himmelsschein,
Zwei goldene Flüglein – wie flög ich hinein!" –

Es ging Maria in stiller Nacht,
Die Erde schlief, der Himmel wacht',
Und durchs Herze, wie sie ging und sann und dacht,
Zogen die Sterne mit goldener Pracht.
„Ach, hätt ich das Brautkleid von Himmelsschein,
Und goldene Sterne gewoben drein!"

Es ging Maria im Garten allein,
Da sangen so lockend bunt Vögelein,
Und Rosen sah sie im Grünen stehn,
Viel rote und weiße so wunderschön.
„Ach hätt ich ein Knäblein, so weiß und rot,
Wie wollt ichs lieb haben bis in den Tod!"

Nun ist wohl das Brautkleid gewoben gar,
Und goldene Sterne im dunkelen Haar,
Und im Arme die Jungfrau das Knäblein hält,
Hoch über der dunkelerbrausenden Welt,

Und vom Kindlein gehet ein Glänzen aus,
Das ruft uns nur ewig: nach Haus, nach Haus!

Jugendandacht

1

Was wollen mir vertraun die blauen Weiten,
Des Landes Glanz, die Wirrung süßer Lieder,
Mir ist so wohl, so bang! Seid ihr es wieder
Der frommen Kindheit stille Blumenzeiten?

Wohl weiß ichs – dieser Farben heimlich Spreiten
Deckt einer Jungfrau strahlend reine Glieder;
Es wogt der große Schleier auf und nieder,
Sie schlummert drunten fort seit Ewigkeiten.

Mir ist in solchen linden, blauen Tagen,
Als müßten alle Farben auferstehen,
Aus blauer Fern sie endlich zu mir gehen.

So wart ich still, schau in den Frühling milde,
Das ganze Herz weint nach dem süßen Bilde,
Vor Freud, vor Schmerz? – Ich weiß es nicht zu sagen.

2

Wenn du am Felsenhange standst alleine,
Unten im Walde Vögel seltsam sangen
Und Hörner aus der Ferne irrend klangen,
Als ob die Heimat drüben nach dir weine,

Wars niemals da, als rief die Eine, Deine?
Lockt' dich kein Weh, kein brünstiges Verlangen
Nach andrer Zeit, die lange schon vergangen,
Auf ewig einzugehn in grüne Scheine?

Gebirge dunkelblau steigt aus der Ferne,
Und von den Gipfeln führt des Bundes Bogen
Als Brücke weit in unbekannte Lande.

Geheimnisvoll gehn oben goldne Sterne,
Unten erbraust viel Land in dunklen Wogen –
Was zögerst du am unbekannten Rande?

3

Durchs Leben schleichen feindlich fremde Stunden,
Wo Ängsten aus der Brust hinunterlauschen,
Verworrne Worte mit dem Abgrund tauschen,
Drin bodenlose Nacht nur ward erfunden.

Wohl ist des Dichters Seele stumm verbunden
Mit Mächten, die am Volk vorüberrauschen;
Sehnsucht muß wachsen an der Tiefe Rauschen
Nach hellerm Licht und nach des Himmels Kunden.

O Herr! du kennst allein den treuen Willen,
Befrei ihn von der Kerkerluft des Bösen,
Laß nicht die eigne Brust mich feig zerschlagen!

Und wie ich schreibe hier, den Schmerz zu stillen,
Fühl ich den Engel schon die Riegel lösen,
Und kann vor Glänze nicht mehr weiter klagen.

Kirchenlied

O Maria, meine Liebe!
Denk ich recht im Herzen Dein:
Schwindet alles Schwer und Trübe,
Und, wie heller Morgenschein,
Dringts durch Lust und irdschen Schmerz
Leuchtend mir durchs ganze Herz.

Auf des ewgen Bundes Bogen,
Ernst von Glorien umblüht,
Stehst du über Land und Wogen;
Und ein himmlisch Sehnen zieht
Alles Leben himmelwärts
An das große Mutterherz.

Wo Verlaßne einsam weinen,
Sorgenvoll in stiller Nacht,
Den' vor allen läßt Du scheinen
Deiner Liebe milde Pracht,
Daß ein tröstend Himmelslicht
In die dunklen Herzen bricht.

Aber wütet wildverkehrter
Sünder frevelhafte Lust:
Da durchschneiden neue Schwerter
Dir die treue Mutterbrust;
Und voll Schmerzen flehst Du doch:
Herr! Vergib, o schone noch!

Deinen Jesus in den Armen,
Übern Strom der Zeit gestellt,

Als das himmlische Erbarmen
Hütest Du getreu die Welt,
Daß im Sturm, der trübe weht,
Dir kein Kind verloren geht.

Wenn die Menschen mich verlassen
In der letzten stillen Stund,
Laß mich fest das Kreuz umfassen.
Aus dem dunklen Erdengrund
Leite liebreich mich hinaus,
Mutter, in des Vaters Haus!

Morgengebet

O wunderbares, tiefes Schweigen,
Wie einsam ists noch auf der Welt!
Die Wälder nur sich leise neigen,
Als ging' der Herr durchs stille Feld.

Ich fühl mich recht wie neu geschaffen,
Wo ist die Sorge nun und Not?
Was mich noch gestern wollt erschlaffen,
Ich schäm mich des im Morgenrot.

Die Welt mit ihrem Gram und Glücke
Will ich, ein Pilger, frohbereit
Betreten nur wie eine Brücke
Zu Dir, Herr, übern Strom der Zeit.

Und buhlt mein Lied, auf Weltgunst lauernd,
Um schnöden Sold der Eitelkeit:

Zerschlag mein Saitenspiel, und schauernd
Schweig ich vor Dir in Ewigkeit.

Mittag

Vergeht mir der Himmel
Vor Staube schier,
Herr, im Getümmel
Zeig Dein Panier!

Wie schwank ich sündlich,
Läßt Du von mir;
Unüberwindlich
Bin ich mit Dir!

Abend

Gestürzt sind die goldnen Brücken
Und unten und oben so still!
Es will mir nichts mehr glücken,
Ich weiß nicht mehr, was ich will.

Von üppig blühenden Schmerzen
Rauscht eine Wildnis im Grund,
Da spielt wie in wahnsinnigen Scherzen
Das Herz an dem schwindligen Schlund. –

Die Felsen möchte ich packen
Vor Zorn und Wehe und Lust,

Und unter den brechenden Zacken
Begraben die wilde Brust.

Da kommt der Frühling gegangen,
Wie ein Spielmann aus alter Zeit,
Und singt von uraltem Verlangen
So treu durch die Einsamkeit.

Und über mir Lerchenlieder
Und unter mir Blumen bunt,
So werf ich im Grase mich nieder
Und weine aus Herzensgrund.

Da fühl ich ein tiefes Entzücken,
Nun weiß ich wohl, was ich will,
Es bauen sich andere Brücken,
Das Herz wird auf einmal still.

Der Abend streut rosige Flocken,
Verhüllet die Erde nun ganz,
Und durch des Schlummernden Locken
Ziehn Sterne den heiligen Kranz.

Morgenlied

Kein Stimmlein noch schallt von allen
In frühester Morgenstund,
Wie still ists noch in den Hallen
Durch den weiten Waldesgrund.

Ich stehe hoch überm Tale
Stille vor großer Lust,
Und schau nach dem ersten Strahle,
Kühl schauernd in tiefster Brust.

Wie sieht da zu dieser Stunde
So anders das Land herauf,
Nichts hör ich da in der Runde
Als von fern der Ströme Lauf.

Und ehe sich alle erhoben
Des Tages Freuden und Weh,
Will ich, Herr Gott, Dich loben
Hier einsam in stiller Höh. –

Nun rauschen schon stärker die Wälder,
Morgenlicht funkelt herauf,
Die Lerche singt über den Feldern,
Schöne Erde, nun wache auf!

Herbst

Es ist nun der Herbst gekommen,
Hat das schöne Sommerkleid
Von den Feldern weggenommen
Und die Blätter ausgestreut,
Vor dem bösen Winterwinde
Deckt er warm und sachte zu
Mit dem bunten Laub die Gründe,
Die schon müde gehn zur Ruh.

Durch die Felder sieht man fahren
Eine wunderschöne Frau,
Und von ihren langen Haaren
Goldne Fäden auf der Au
Spinnet sie und singt im Gehen:
Eia, meine Blümelein,
Nicht nach andern immer sehen,
Eia, schlafet, schlafet ein.

Und die Vöglein hoch in Lüften
Über blaue Berg und Seen
Ziehn zur Ferne nach den Klüften,
Wo die hohen Zedern stehn,
Wo mit ihren goldnen Schwingen
Auf des Benedeiten Gruft
Engel Hosianna singen
Nächtens durch die stille Luft.

Der Schiffer

Die Lüfte linde fächeln,
Aus stillen Meeres Schaum
Sirenen tauchend lächeln,
Der Schiffer liegt im Traum.

Da faßt der Sturm die Wellen,
Durchwühlt die Einsamkeit:
Wacht auf, ihr Traumgesellen,
Nun ists nicht Schlafenszeit! –

In jenen stillen Tagen
Wie war ich stolz und klug,
In sichern Glücks Behagen
Mir selber gut genug.

Du hast das Glück zerschlagen;
Nimm wieder, was du gabst,
Ich schweig und will nicht klagen,
Jetzt weiß ich, wie du labst.

Das sind die mächtgen Stürme,
Die wecken, was da ruht,
Es sinken Land und Türme
Allmählich in die Flut.

Kein Meerweib will sich zeigen,
Kein Laut mehr langt zu mir,
Und in dem weiten Schweigen
Steh ich allein mit dir.

O führe an den Riffen
Allmächtig deine Hand,
Wohin wir alle schiffen,
Uns zu dem Heimatstrand!

Der Soldat

Und wenn es einst dunkelt,
Der Erd bin ich satt,
Durchs Abendrot funkelt
Eine prächtge Stadt:

Von den goldenen Türmen
Singet der Chor,
Wir aber stürmen
Das himmlische Tor.

Der Wächter

Nächtlich macht der Herr die Rund,
Sucht die Seinen unverdrossen,
Aber überall verschlossen
Trifft er Tür und Herzensgrund,
Und er wendet sich voll Trauer:
Niemand ist, der mit mir wacht. –
Nur der Wald vernimmts mit Schauer,
Rauschet fromm die ganze Nacht.

Waldwärts durch die Einsamkeit
Hört ich über Tal und Klüften
Glocken in den stillen Lüften,
Wie aus fernem Morgen weit –
An die Tore will ich schlagen,
An Palast und Hütten: Auf!
Flammend schon die Gipfel ragen,
Wachet auf, wacht auf, wacht auf!

Der Umkehrende

1

Du sollst mich doch nicht fangen,
Duftschwüle Zaubernacht!

Es stehn mit goldnem Prangen
Die Stern auf stiller Wacht,
Und machen überm Grunde,
Wo du verirret bist,
Getreu die alte Runde –
Gelobt sei Jesus Christ!

Wie bald in allen Bäumen
Geht nun die Morgenluft,
Sie schütteln sich in Träumen,
Und durch den roten Duft
Eine fromme Lerche steiget,
Wenn alles still noch ist,
Den rechten Weg dir zeiget –
Gelobt sei Jesus Christ!

2

Hier bin ich, Herr! Gegrüßt das Licht,
Das durch die stille Schwüle
Der müden Brust gewaltig bricht
Mit seiner strengen Kühle.
Nun bin ich frei! Ich taumle noch
Und kann mich noch nicht fassen –
O Vater, Du erkennst mich doch,
Und wirst nicht von mir lassen!

3

Was ich wollte, liegt zerschlagen,
Herr, ich lasse ja das Klagen,
Und das Herz ist still.

Nun aber gib auch Kraft, zu tragen,
Was ich *nicht* will!

4

Es wandelt, was wir schauen,
Tag sinkt ins Abendrot,
Die Lust hat eignes Grauen,
Und alles hat den Tod.

Ins Leben schleicht das Leiden
Sich heimlich wie ein Dieb,
Wir alle müssen scheiden
Von allem, was uns lieb.

Was gäb es doch auf Erden,
Wer hielt' den Jammer aus,
Wer möcht geboren werden,
Hieltst Du nicht droben Haus!

Du bists, der, was wir bauen,
Mild über uns zerbricht,
Daß wir den Himmel schauen –
Darum so klag ich nicht.

5

Waldeinsamkeit!
Du grünes Revier,
Wie liegt so weit
Die Welt von hier!
Schlaf nur, wie bald
Kommt der Abend schön,

Durch den stillen Wald
Die Quellen gehn,
Die Mutter Gottes wacht,
Mit ihrem Sternenkleid
Bedeckt sie dich sacht
In der Waldeinsamkeit,
Gute Nacht, gute Nacht! –

Der Pilger

1

Man setzt uns auf die Schwelle,
Wir wissen nicht, woher?
Da glüht der Morgen helle,
Hinaus verlangt uns sehr.
Der Erde Klang und Bilder,
Tiefblaue Frühlingslust,
Verlockend wild und wilder,
Bewegen da die Brust.
Bald wird es rings so schwüle,
Die Welt eratmet kaum,
Berg', Schloß und Wälder kühle
Stehn lautlos wie im Traum,
Und ein geheimes Grausen
Beschleichet unsern Sinn:
Wir sehnen uns nach Hause
Und wissen nicht, wohin?

2

Dein Wille, Herr, geschehe!
Verdunkelt schweigt das Land,

Im Zug der Wetter sehe
Ich schauernd Deine Hand.
O mit uns Sündern gehe
Erbarmend ins Gericht!
Ich beug im tiefsten Wehe
Zum Staub mein Angesicht,
Dein Wille, Herr, geschehe!

3

Schlag mit den flammgen Flügeln!
Wenn Blitz aus Blitz sich reißt:
Steht wie in Rossesbügeln
So ritterlich mein Geist.

Waldesrauschen, Wetterblicken
Macht recht die Seele los,
Da grüßt sie mit Entzücken,
Was wahrhaft, ernst und groß.

Es schiffen die Gedanken
Fern wie auf weitem Meer,
Wie auch die Wogen schwanken:
Die Segel schwellen mehr.

Herr Gott, es wacht Dein Wille,
Ob Tag und Lust verwehn,
Mein Herz wird mir so stille
Und wird nicht untergehn.

4

So laß herein nun brechen
Die Brandung, wie sie will,

Du darfst ein Wort nur sprechen,
So wird der Abgrund still;
Und bricht die letzte Brücke,
Zu Dir, der treulich steht,
Hebt über Not und Glücke
Mich einsam das Gebet.

5

Wie ein todeswunder Streiter,
Der den Weg verloren hat,
Schwank ich nun und kann nicht weiter,
Von dem Leben sterbensmatt.
Nacht schon decket alle Müden
Und so still ists um mich her,
Herr, auch mir gib endlich Frieden,
Denn ich wünsch und hoff nichts mehr.

6

Wie oft wollt mich die Welt ermüden,
Ich beugt aufs Schwert mein Angesicht
Und bat Dich frevelhaft um Frieden –
Du wußtests besser, gabst ihn nicht.

Ich sah in Nacht das Land vergehen,
In Blitzen Du die Wetter brachst,
Da konnt ich schauernd erst verstehen,
Was Du zu mir Erschrocknem sprachst:

„Meine Lieder sind nicht deine Lieder,
Leg ab den falschen Schmuck der Zeit
Und nimm das Kreuz, dann komme wieder
In deines Herzens Einsamkeit."

Und alle Bilder ferne treten,
Und tief noch rauschet kaum die Rund –
Wie geht ein wunderbares Beten
Mir leuchtend durch der Seele Grund!

Der Einsiedler

Komm, Trost der Welt, du stille Nacht!
Wie steigst du von den Bergen sacht,
Die Lüfte alle schlafen,
Ein Schiffer nur noch, wandermüd,
Singt übers Meer sein Abendlied
Zu Gottes Lob im Hafen.

Die Jahre wie die Wolken gehn
Und lassen mich hier einsam stehn,
Die Welt hat mich vergessen,
Da tratst du wunderbar zu mir,
Wenn ich beim Waldesrauschen hier
Gedankenvoll gesessen.

O Trost der Welt, du stille Nacht!
Der Tag hat mich so müd gemacht,
Das weite Meer schon dunkelt,
Laß ausruhn mich von Lust und Not,
Bis daß das ewge Morgenrot
Den stillen Wald durchfunkelt.

Sonntag

Die Nacht war kaum verblühet,
Nur eine Lerche sang
Die stille Luft entlang.
Wen grüßt sie schon so frühe?

Und draußen in dem Garten
Die Bäume übers Haus
Sahn weit ins Land hinaus,
Als ob sie wen erwarten.

In festlichen Gewanden
Wie eine Kinderschar,
Tauperlen in dem Haar,
Die Blumen alle standen.

Ich dacht: ihr kleinen Bräute,
Was schmückt ihr euch so sehr? –
Da blickt' die eine her:
„Still, still, 's ist Sonntag heute."

„Schon klingen Morgenglocken,
Der liebe Gott nun bald
Geht durch den stillen Wald."
Da kniet ich froherschrocken.

Ostern

Vom Münster Trauerglocken klingen,
Vom Tal ein Jauchzen schallt herauf.
Zur Ruh sie dort dem Toten singen,

Die Lerchen jubeln: Wache auf!
Mit Erde sie ihn still bedecken,
Das Grün aus allen Gräbern bricht,
Die Ströme hell durchs Land sich strecken,
Der Wald ernst wie in Träumen spricht,
Und bei den Klängen, Jauchzen, Trauern,
Soweit ins Land man schauen mag,
Es ist ein tiefes Frühlingsschauern
Als wie ein Auferstehungstag.

Weihnachten

Markt und Straßen stehn verlassen,
Still erleuchtet jedes Haus,
Sinnend geh ich durch die Gassen,
Alles sieht so festlich aus.

An den Fenstern haben Frauen
Buntes Spielzeug fromm geschmückt,
Tausend Kindlein stehn und schauen,
Sind so wunderstill beglückt.

Und ich wandre aus den Mauern
Bis hinaus ins freie Feld,
Hehres Glänzen, heilges Schauern!
Wie so weit und still die Welt!

Sterne hoch die Kreise schlingen,
Aus des Schnees Einsamkeit
Steigts wie wunderbares Singen –
O du gnadenreiche Zeit!

Abschied

Abendlich schon rauscht der Wald
Aus den tiefen Gründen,
Droben wird der Herr nun bald
An die Sterne zünden,
Wie so stille in den Schlünden,
Abendlich nur rauscht der Wald.

Alles geht zu seiner Ruh,
Wald und Welt versausen,
Schauernd hört der Wandrer zu,
Sehnt sich recht nach Hause,
Hier in Waldes grüner Klause
Herz, geh endlich auch zur Ruh!

Mondnacht

Es war, als hätt der Himmel
Die Erde still geküßt,   — silence
Daß sie im Blütenschimmer
Von ihm nun träumen müßt.

Die Luft ging durch die Felder,
Die Ähren wogten sacht,
Es rauschten leis die Wälder,
So sternklar war die Nacht.

Und meine Seele spannte
Weit ihre Flügel aus,

134

Flog durch die stillen Lande,
Als flöge sie nach Haus.

Nachtlied

Vergangen ist der lichte Tag,
Von ferne kommt der Glocken Schlag;
So reist die Zeit die ganze Nacht,
Nimmt manchen mit, ders nicht gedacht.

Wo ist nun hin die bunte Lust,
Des Freundes Trost und treue Brust,
Des Weibes süßer Augenschein?
Will keiner mit mir munter sein?

Da's nun so stille auf der Welt,
Ziehn Wolken einsam übers Feld,
Und Feld und Baum besprechen sich, –
O Menschenkind! was schauert dich?

Wie weit die falsche Welt auch sei,
Bleibt mir doch Einer nur getreu,
Der mit mir weint, der mit mir wacht,
Wenn ich nur recht an ihn gedacht.

Frisch auf denn, liebe Nachtigall,.
Du Wasserfall mit hellem Schall!
Gott loben wollen wir vereint,
Bis daß der lichte Morgen scheint!

Nachts

Ich stehe in Waldesschatten
Wie an des Lebens Rand,
Die Länder wie dämmernde Matten,
Der Strom wie ein silbern Band.

Von fern nur schlagen die Glocken
Über die Wälder herein,
Ein Reh hebt den Kopf erschrocken
Und schlummert gleich wieder ein.

Der Wald aber rühret die Wipfel
Im Traum vor der Felsenwand.
Denn der Herr geht über die Gipfel
Und segnet das stille Land.

Winternacht

Verschneit liegt rings die ganze Welt,
Ich hab nichts, was mich freuet,
Verlassen steht der Baum im Feld,
Hat längst sein Laub verstreuet.

Der Wind nur geht bei stiller Nacht
Und rüttelt an dem Baume,
Da rührt er seinen Wipfel sacht
Und redet wie im Traume.

Er träumt von künftger Frühlingszeit,
Von Grün und Qellenrauschen,

Wo er im neuen Blütenkleid
Zu Gottes Lob wird rauschen.

Dank

Mein Gott, Dir sag ich Dank,
Daß Du die Jugend mir bis über alle Wipfel
In Morgenrot getaucht und Klang,
Und auf des Lebens Gipfel,
Bevor der Tag geendet,
Vom Herzen unbewacht
Den falschen Glanz gewendet,
Daß ich nicht taumle ruhmgeblendet,
Da nun herein die Nacht
Dunkelt in ernster Pracht.

Schifferspruch

Wenn die Wogen unten toben,
Menschenwitz zu Schanden wird,
Weist mit feurgen Zügen droben
Heimwärts dich der Wogen Hirt.
Sollst nach keinem andern fragen,
Nicht zurückschaun nach dem Land,
Faß das Steuer, laß das Zagen!
Aufgerollt hat Gottes Hand
Diese Wogen zum Befahren
Und die Sterne, dich zu wahren.

Gebet

Gott, inbrünstig möcht ich beten,
Doch der Erde Bilder treten
Immer zwischen dich und mich,
Und die Seele muß mit Grauen
Wie in einen Abgrund schauen,
Strenger Gott, ich fürchte dich!

Ach, so brich auch meine Ketten!
Alle Menschen zu erretten,
Gingst du ja in bittern Tod.
Irrend an der Hölle Toren,
Ach, wie bald bin ich verloren,
Hilfst du nicht in meiner Not!

So oder so

Die handeln und die dichten,
Das ist der Lebenslauf,
Der eine macht Geschichten,
Der andre schreibt sie auf,
Und der will beide richten;
So schreibt und treibt sichs fort,
Der Herr wird alles schlichten,
Verloren ist kein Wort.

Todeslust

Bevor er in die blaue Flut gesunken,
Träumt noch der Schwan und singet todestrunken;
Die sommermüde Erde im Verblühen
Läßt all ihr Feuer in den Trauben glühen;
Die Sonne, Funken sprühend, im Versinken,
Gibt noch einmal der Erde Glut zu trinken,
Bis, Stern auf Stern, die Trunkne zu umfangen,
Die wunderbare Nacht ist aufgegangen.

Mahnung

Genug gemeistert nun die Weltgeschichte!
Die Sterne, die durch alle Zeiten tagen,
Ihr wolltet sie mit frecher Hand zerschlagen
Und jeder leuchten mit dem eignen Lichte.

Doch unaufhaltsam rucken die Gewichte,
Von selbst die Glocken von den Türmen schlagen,
Der alte Zeiger, ohne euch zu fragen,
Weist flammend auf die Stunde der Gerichte.

O stille Schauer, wunderbares Schweigen,
Wenn heimlichflüsternd sich die Wälder neigen,
Die Täler alle geisterbleich versanken,

Und in Gewittern von den Bergesspitzen
Der Herr die Weltgeschichte schreibt mit Blitzen –
Denn Seine sind nicht euere Gedanken.

Im Alter

Wie wird nun alles so stille wieder!
So war mirs oft in der Kinderzeit,
Die Bäche gehen rauschend nieder
Durch die dämmernde Einsamkeit,
Kaum noch hört man einen Hirten singen,
Aus allen Dörfern, Schluchten, weit
Die Abendglocken herüberklingen,
Versunken nun mit Lust und Leid
Die Täler, die noch einmal blitzen,
Nur hinter dem stillen Walde weit
Noch Abendröte an den Bergesspitzen,
Wie Morgenrot der Ewigkeit.

Der verspätete Wanderer

Wo aber werd ich sein im künftgen Lenze?
So frug ich sonst wohl, wenn beim Hüteschwingen
Ins Tal wir ließen unser Lied erklingen,
Denn jeder Wipfel bot mir frische Kränze.

Ich wußte nur, daß rings der Frühling glänze,
Daß nach dem Meer die Ströme leuchtend gingen,
Vom fernen Wunderland die Vögel singen,
Da hatt das Morgenrot noch keine Grenze.

Jetzt aber wirds schon Abend, alle Lieben
Sind wandermüde längst zurückgeblieben,
Die Nachtluft rauscht durch meine welken Kränze,

Und heimwärts rufen mich die Abendglocken,
Und in der Einsamkeit frag ich erschrocken:
Wo werde ich wohl sein im künftgen Lenze?

Das Alter

Hoch mit den Wolken geht der Vögel Reise,
Die Erde schläfert, kaum noch Astern prangen,
Verstummt die Lieder, die so fröhlich klangen,
Und trüber Winter deckt die weiten Kreise.

Die Wanduhr pickt, im Zimmer singet leise
Waldvöglein noch, so du im Herbst gefangen.
Ein Bilderbuch scheint alles, was vergangen,
Du blätterst drin, geschützt vor Sturm und Eise.

So mild ist oft das Alter mir erschienen:
Wart nur, bald taut es von den Dächern wieder
Und über Nacht hat sich die Luft gewendet.

Ans Fenster klopft ein Bot' mit frohen Mienen,
Du trittst erstaunt heraus – und kehrst nicht wieder,
Denn endlich kommt der Lenz, der nimmer endet.

Marienlied

Wenn ins Land die Wetter hängen
Und der Mensch erschrocken steht,
Wendet, wie mit Glockenklängen,

Die Gewitter Dein Gebet,
Und wo aus den grauen Wogen
Weinend auftaucht das Gefild,
Segnest Du's vom Regenbogen –
Mutter, ach, wie bist Du mild!

Wenns einst dunkelt auf den Gipfeln
Und der kühle Abend sacht
Niederrauschet in den Wipfeln:
O Maria, heilge Nacht!
Laß mich nimmer wie die andern,
Decke zu der letzten Ruh
Mütterlich den müden Wandrer
Mit dem Sternenmantel zu.

Durch!

Ein Adler saß am Felsenbogen,
Den lockt' der Sturm weit übers Meer,
Da hatt er droben sich verflogen,
Er fand sein Felsennest nicht mehr,
Tief unten sah er kaum noch liegen
Verdämmernd Wald und Land und Meer,
Mußt höher, immer höher fliegen,
Ob nicht der Himmel offen wär.

Der stille Grund

Der Mondenschein verwirret
Die Täler weit und breit,
Die Bächlein, wie verirret,
Gehn durch die Einsamkeit.

Da drüben sah ich stehen
Den Wald auf steiler Höh,
Die finstern Tannen sehen
In einen tiefen See.

Ein' Kahn wohl sah ich ragen,
Doch niemand, der es lenkt,
Das Ruder war zerschlagen,
Das Schifflein halb versenkt.

Eine Nixe auf dem Steine
Flocht dort ihr goldnes Haar,
Sie meint', sie wär alleine,
Und sang so wunderbar.

Sie sang und sang, in den Bäumen
Und Quellen rausch' es sacht,
Und flüsterte wie in Träumen
Die mondbeglänzte Nacht.

Ich aber stand erschrocken,
Denn über Wald und Kluft
Klangen die Morgenglocken
Schon ferne durch die Luft.

Und hätt ich nicht vernommen
Den Klang zu guter Stund,
Wär nimmermehr gekommen
Aus diesem stillen Grund.

Waldmädchen

Bin ein Feuer hell, das lodert
Von dem grünen Felsenkranz,
Seewind ist mein Buhl und fodert
Mich zum lustgen Wirbeltanz,
Kommt und wechselt unbeständig.
Steigend wild,
Neigend mild,
Meine schlanken Lohen wend ich:
Komm nicht nah mir, ich verbrenn dich!

Wo die wilden Bäche rauschen
Und die hohen Palmen stehn,
Wenn die Jäger heimlich lauschen,
Viele Rehe einsam gehn.
Bin ein Reh, flieg durch die Trümmer,
Über die Höh,
Wo im Schnee
Still die letzten Gipfel schimmern,
Folg mir nicht, erjagst mich nimmer!

Bin ein Vöglein in den Lüften,
Schwing mich übers blaue Meer,
Durch die Wolken von den Klüften

Fliegt kein Pfeil mehr bis hieher,
Und die Au'n und Felsenbogen,
Waldeseinsamkeit
Weit, wie weit,
Sind versunken in die Wogen –
Ach, ich habe mich verflogen!

Waldgespräch

Es ist schon spät, es wird schon kalt,
Was reitst du einsam durch den Wald?
Der Wald ist lang, du bist allein,
Du schöne Braut! Ich führ dich heim!

„Groß ist der Männer Trug und List,
Vor Schmerz mein Herz gebrochen ist,
Wohl irrt das Waldhorn her und hin,
O flieh! Du weißt nicht, wer ich bin."

So reich geschmückt ist Roß und Weib,
So wunderschön der junge Leib,
Jetzt kenn ich dich – Gott steh mir bei!
Du bist die Hexe Lorelei.

„Du kennst mich wohl – von hohem Stein
Schaut still mein Schloß tief in den Rhein.
Es ist schon spät, es wird schon kalt,
Kommst nimmermehr aus diesem Wald!"

145

Der alte Garten

Kaiserkron und Päonien rot,
Die müssen verzaubert sein,
Denn Vater und Mutter sind lange tot,
Was blühn sie hier so allein?

Der Springbrunn plaudert noch immerfort
Von der alten schönen Zeit,
Eine Frau sitzt eingeschlafen dort,
Ihre Locken bedecken ihr Kleid.

Sie hat eine Laute in der Hand,
Als ob sie im Schlafe spricht,
Mir ist, als hätt ich sie sonst gekannt –
Still, geh vorbei und weck sie nicht!

Und wenn es dunkelt das Tal entlang,
Streift sie die Saiten sacht,
Da gibts einen wunderbaren Klang
Durch den Garten die ganze Nacht.

Verloren

Still bei Nacht fährt manches Schiff,
Meerfey kämmt ihr Haar am Riff,
Hebt von Inseln an zu singen,
Die im Meer dort untergingen.

Wann die Morgenwinde wehn,
Ist nicht Riff noch Fey zu sehn,

Und das Schifflein ist versunken,
Und der Schiffer ist ertrunken.

Das zerbrochene Ringlein

In einem kühlen Grunde
Da geht ein Mühlenrad,
Meine Liebste ist verschwunden,
Die dort gewohnet hat.

Sie hat mir Treu versprochen,
Gab mir ein'n Ring dabei,
Sie hat die Treu gebrochen,
Mein Ringlein sprang entzwei.

Ich möcht als Spielmann reisen
Weit in die Welt hinaus,
Und singen meine Weisen,
Und gehn von Haus zu Haus.

Ich möcht als Reiter fliegen
Wohl in die blutge Schlacht,
Um stille Feuer liegen
Im Feld bei dunkler Nacht.

Hör ich das Mühlrad gehen:
Ich weiß nicht, was ich will —
Ich möcht am liebsten sterben,
Da wärs auf einmal still!

Die späte Hochzeit

Der Mond ging unter – jetzt ists Zeit. –
Der Bräutgam steigt vom Roß,
Er hat so lange schon gefreit –
Da tut sich auf das Schloß,
Und in der Halle sitzt die Braut
Auf diamantnem Sitz,
Von ihrem Schmuck tuts durch den Bau
Ein'n langen roten Blitz. –

Blass' Knaben warten schweigend auf,
Still' Gäste stehn herum,
Da richt't die Braut sich langsam auf,
So hoch und bleich und stumm.
Sie schlägt zurück ihr Goldgewand,
Da schauert ihn vor Lust,
Sie langt mit kalter, weißer Hand
Das Herz ihm aus der Brust.

Meeresstille

Ich seh von des Schiffes Rande
Tief in die Flut hinein:
Gebirge und grüne Lande
Und Trümmer im falben Schein
Und zackige Türme im Grunde,
Wie ichs oft im Traum mir gedacht,
Wie dämmert alles da unten
Als wie eine prächtige Nacht.

Seekönig auf seiner Warte
Sitzt in der Dämmrung tief,
Als ob er mit langem Barte
Über seiner Harfe schlief';
Da kommen und gehen die Schiffe
Darüber, er merkt es kaum,
Von seinem Korallenriffe
Grüßt er sie wie im Traum.

Der Schatzgräber

Wenn alle Wälder schliefen,
Er an zu graben hub,
Rastlos in Berges Tiefen
Nach einem Schatz er grub.

Die Engel Gottes sangen
Derweil in stiller Nacht,
Wie rote Augen drangen
Metalle aus dem Schacht.

„Und wirst doch mein!" und grimmer
Wühlt er und wühlt hinab,
Da stürzen Steine und Trümmer
Über dem Narren herab.

Hohnlachen wild erschallte
Aus der verfallnen Kluft,
Der Engelsang verhallte
Wehmütig in der Luft.

Valet

Ade nun, liebe Lieder,
Ade, du schöner Sang!
Nun sing ich wohl nicht wieder
Vielleicht mein Leben lang.

Einst blüht' von Gottes Odem
Die Welt so wunderreich,
Da in den grünen Boden
Senkt ich als Reiser euch.

Jetzt eure Wipfel schwanken
So kühle über mir,
Ich stehe in Gedanken
Gleichwie im Walde hier.

Da muß ich oft noch lauschen
In meiner Einsamkeit,
Und denk bei eurem Rauschen
Der schönen Jugendzeit.

Das Schaffen Eichendorffs wird getragen von dem Strome seiner Lyrik. In ihr hat sein Wesen den ursprünglichsten, unmittelbarsten Ausdruck gefunden, jenen Ton, den wir unter allen anderen als ihm eigentümlich erkennen und der auch durch seine erzählenden Dichtungen klingt. Die vielen Lieder, die wie helle und dunkle Quellen in ihnen aufbrechen, sind nicht bloße „Einlagen", auch sind sie nicht allein durch literarische Vorbilder, wie Goethes *Wilhelm Meister* oder die Romane und Märchen der romantischen Vorgänger und Zeitgenossen bedingt, so sehr Tieck, Novalis, Arnim, Brentano auf diese Form von Einfluß waren — hier waltet die Notwendigkeit einer Uranlage. Schon die Märchenerzählung des zwanzigjährigen Heidelberger Studenten *Die Zauberei im Herbst* zeigt die Verschmelzung von lyrischer Prosa und den beiden Gedichten, die das Geschehen in den polaren Höhepunkten sammeln; noch stärker dann der Roman *Ahnung und Gegenwart,* in dem die bezwingendsten Wunder Eichendorffscher Poesie die Handlung nicht sowohl unterbrechen als bewegen und zu zeitlosem Klang erheben; und gar der *Taugenichts* ist ein einziges musikalisch-lyrisch komponiertes Gedicht, dem die Lieder als blitzende Juwelen eingewoben sind. Ähnlich ist es auch bei den späteren Novellen bis zu der nachgelassenen Märchenerzählung *Eine Meerfahrt,* die als ihr Kostbarstes das Lied *Der Einsiedler* birgt, eines der vollkommensten Eichendorffs.

So durchdringt die Lyrik alle Schaffensphasen als ihr Grundelement (selbst in manchen dramatischen Arbeiten und in Übersetzungen Calderons). Betrachten wir sie in ihrer Gesamtheit, so ist zunächst merkwürdig, daß bei Eichendorff nicht oder nur mit Einschränkung von einer dichterischen Entwicklung gesprochen werden kann. In den Gedichten des Jünglings, etwa von 1808 an, ist im Keim, oft aber auch schon in Vollendung das enthalten, was der Mann und der Greis dann, gesteigert, vertieft oder auch ermattet, abgewandelt hat. Die Grundthemen bleiben, nur die Schwergewichte verlagern sich langsam. Es bleiben im wesentlichen auch die Formen der Aussage: das Lied, die Romanze und das Sonett. Im Vergleich etwa zu Goethe ist Eichendorff ein anderer Typus. Er ist (als Dichter) weit weniger ausgeprägte Persönlichkeit als vielmehr Person, sofern wir dieses Wort im freilich nicht etymologisch ableitbaren Sinne des Durchtönens, Durchtöntwerdens fassen dürfen. Nicht ein mächtiges Ich steht hier im Mittelpunkt einer gegenständlichen Welt, die es im liebenden Erlebnis sich anverwandelt, ohne die feine Grenze ganz aufzuheben. Eichendorff ist primär nicht Bildner und Augenmensch, sondern Träumer und Musikant. Er gibt sich hin — den Stimmungen und Stimmen der Natur, den Elementen, den Mächten, zuerst aber und zuletzt Gott. In der Vermählung mit den Bildern der Welt und im Gefühl der seligen Gottnähe wird er zum Instrument und Mund. Er ist bald die Stimme des Volkes, bald der Zauberer und Magier, zuhöchst aber der gläubige Rufer und Beter. Diese theoretisch zu unterscheidenden Funktionen fließen in der Praxis ineinander. Sie bilden die Spannungen in dem einen Organismus seiner Dichtung.

Der Klang des „Wunderhorns" hat viele Lieder geweckt, und einige sind wieder ins Volk als fast anonymes Gut eingegangen. Ihre „Empfindung, weil sie wahr und natürlich und allgemeinverständlich ist, tönt" — wie

Eichendorff selbst das Volkslied, ganz ähnlich wie Herder, charakterisiert — „durch Generationen fort . . . Von der Kunstlyrik unterscheidet es sich durch das Unmittelbare und scheinbar Unzusammenhängende, womit es die empfangene Empfindung weder erklärt noch betrachtet oder schildernd ausschmückt, sondern sprunghaft und blitzartig, wie es sie erhalten, wiedergibt und gleichsam im Fluge plötzlich und ohne Übergang, wo man es am wenigsten gedacht, die wunderbarsten Aussichten eröffnet". Das ist die Art seiner eigenen volksmäßigen Lieder, ob sie von Liebesglück und -leid, von Begegnung und Abschied, von den Tages- und Jahreszeiten singen, in kecken, federnden Rhythmen den frischen Schwarm der Vaganten, Studenten, Jäger und Soldaten begleiten oder mit anmutigem Humor allerlei seltsame romantische Käuze wie den „Glücksritter" oder den „Schreckenberger" umspielen. Aus dem Volkston und über ihn hinaus aber wachsen einige der zahlreichen Wanderlieder, die für Eichendorff so typisch sind, wie das die Sammlung der Gedichte eröffnende *Frische Fahrt*: in der Lust des Wanderns wird das Leben selbst als „magisch wilder Fluß" erfahren, der wandernde Spielmann wird zum Urbild des Dichters, der, im Gegensatz zu dem Philister, sich „nicht bewahren" will und selig blind dem Glanz der lockenden Weite folgt. Wenn Eichendorff dieses Lied in *Ahnung und Gegenwart* der heidnisch-sinnlichen Gräfin Romana in den Mund legt, die durch Selbstmord endigt, so ist das eine nachträgliche Erkenntnis der gefährlichen Flamme, die in diesen dionysischen Versen glüht, aber zweifellos ist es zunächst unabhängig von dieser Beziehung, ursprünglich entstanden, es ist wesenhaft kein Frauenlied! In wechselnden Graden spricht sich dieser schweifende Drang nach Ferne und Abenteuer aus, anschwellend bis zum trunkenen Überschwang. Die *Sehn-*

sucht ist eines der Grundmotive Eichendorffs, sie kann sich rein naturhaft äußern, wie in vielen schlichten Spielmannsliedern, doch ist ihr von Anfang an der religiöse, metaphysische Zug eingeboren: von der geliebten schönen Erde hinweg zu der Unendlichkeit des Himmels hinaufzuschweben, wie die steigende jubilierende Lerche, die zum Sinnbild wird. Im irdisch-warmen Naturerlebnis liegt die Chiffre für ein höheres Geistiges, das gibt den Gedichten ihre untergründige Resonanz, die geheimnisvolle Schönheit. Ein dichtes Geflecht von Realsymbolen und Bedeutungen durchzieht sie, meist in polarer Spannung: von Erde und Himmel, von Strom und Stern, von Welt und Wald. Der Wald ist ein anderes Hauptthema Eichendorffs, der schweifenden Fernensucht entgegengesetzt und zugeordnet; er war schon dem Knaben Inbegriff der Heimat, das Treue, Beständige, Dauernde im bunten Wechsel der bewegten Zeit. Der wie im Schreiten sich hoch und herrlich entfaltende Abschiedsgesang *O Täler weit, o Höhen* offenbart den tiefen Jünglingsernst dieser Zwiesprache mit dem heimatlichen Lubowitzer Wald, der seiner Dichtung die wundersamsten Klänge gab.

Die ganze Schöpfung spricht in ihren Erscheinungen zeichenhaft, ein inniger Austausch zwischen ihnen und der Menschenseele führt zu eigentümlichen Verschränkungen von Innen und Außen, so daß die Landschaft mit Berg und Wald und Strom und Feld, mit Wolken, Sternen, Dämmerungen, Scheinen, und die Gärten, die Brunnen, die Schlösser und Gassen wie in einem Banne darauf warten, durch das Wort des Dichters erlöst zu werden; dann klingen, rauschen, raunen, sausen, hauchen, flüstern, schallen; dann schillern, glühen, glänzen, wehen, wogen, wallen sie, dann — schweigen sie auch sprechend, und sie alle vereinen sich mit der menschlichen Stimme zum einen, reinen Gotteslob. Der Glaube an die Allbeseeltheit, der dem Mythos und dem Märchen selbstverständlich ist, wird durch das christliche Credo, daß vom dreifaltigen Gott alle Dinge, die sichtbaren und die unsichtbaren geschaffen und in Ihm bewahrt sind, überhöht. Der Anruf des Dichters weckt sie aus ihrer scheinbaren Starre zum Leben, und es ist nicht zu sagen, was im Gedicht Anteil des „Objekts" und des „Subjekts" ist, denn beide stammen aus einem Höheren. Ist dieses All-Eins letztlich Grundlage jeder Dichtung, insbesondere der Lyrik, so ist es bei Eichendorff nicht im Sinne eines Pantheismus, der gleichsam horizontal die Schranken zwischen Ich und Kosmos aufbricht, zu verstehen, sondern in dem einer gestuften Hierarchie, vertikal. Vom Himmel zur Erde und von der Erde zum Himmel führt die von Engeln behütete Jakobsleiter der liebenden Begegnung von Schöpfer und Geschöpf, der Dichter aber ist gewissermaßen der Umschlagplatz: von ihm zumal wird diese Begegnung erfahren, gefühlt und ausgesagt. In diesem — und nur in diesem — Sinne gilt das fast überkühne Wort des jungen Eichendorff: „Der Dichter ist das Herz der Welt", und gelten die Sonetten-Zyklen von der göttlichen Sendung des Dichters. Freilich hat der Ältergewordene mehr und mehr diesem priesterlichen Anspruch entsagt und sich demütig von dem „falschen Glanz" gewendet. Um so schöner strahlt der echte Glanz seiner Verse und Lieder. Sie sind groß in ihrer Einfachheit, ja Einfalt. Mag zuweilen das Bild zur häufig wiederholten Wendung erstarren, mögen die Reime allzu unbekümmert wiederkehren wie in einem geläufig gewordenen Vokabular — ähnlich ist es übrigens in den Volksliedern —, der erste Gebrauch kam aus frischem, wahrem Gefühl, war ein Fund. Das Differenzierte, Komplexe, Reflektierende ist Eichendorffs Sache nicht. Doch hat er in der Schlichtheit seiner Lieder neben den starken Urgefühlen auch den feinsten Schwingungen und Zwischentönen Ausdruck gegeben und das fast Unsagbare beschworen, wie etwa in *Zwielicht* die unheimliche Stunde des Hinübergleitens von Tag in Nacht, da das Grauen in der Natur das Menschenherz befällt, auch vor dem Freund (die seltsam in Moll und Dur zerklüftete Warnung der Schlußstrophe!) oder als Gegenstück in der *Frühlingsdämmerung*, da in freien wogenden Rhythmen das Erwachen zum Morgen wie eine wunderbare Botschaft von Berg zu Tal, von Wesen zu Wesen hinab- und hinübergetragen wird, um mit einer lieblichen Frage zu enden.

Wald und Park und Schloß wurden immer mehr in die zeitlose Erinnerung entrückt, als nach den Freiheitskriegen und dem Tode des Vaters der verarmten Familie die Güter verlorengingen, zuletzt auch Lubowitz, wo die Mutter bis zu ihrem Tode 1822 ihren Witwensitz hatte. Die „alte schöne Zeit", die in so vielen Liedern fast als stehende Formel wiederkehrt, bedeutet nun ein Doppeltes. Einmal ist sie die traumgewordene glückliche Jugendzeit, wie sie der Dichter im Alter wehmütig heraufbeschwört: „Das uralte Lubowitz — Lage des Schlosses und Gartens, Hasengarten, Tafelzimmer und so weiter mit Spieluhr, Allee, Buxbaumgänge, Kaiserkronen, Nelken ... Aussicht über die Oder nach den blauen Karpaten und in die dunklen Wälder links. Damalige Zeit und Stilleben. Wie der Papa im Garten ruhig spazieren geht, der Großpapa mit keinem König tauschen möchte ... Wie die Großmama, dazwischen betend, die alte Zeit vertritt, gegen den neumodischen Dr. Werner ... Da kommt von Ratibor zwischen den Kornfeldern ein Bündingscher Offizier hergeritten und bringt die Nachricht von der Hinrichtung Ludwigs XVI. Tragischer Eindruck. Ich aber sah nach den Karpaten wie in Ahnung der neuen Zeit."

Wir erkennen den Schauplatz und die Stimmungsträger mancher Heimat- und Heimwehgedichte, besonders jener, die an den innig verbundenen brüderlichen Gefährten Wilhelm gerichtet sind. Die alte Zeit wird zum Symbol für etwas noch tiefer Liegendes: für das verlorene Paradies, das „goldene Zeitalter", von dem die Romantiker, vor allem Novalis, träumten und sangen, daß es nach den Wirrungen der aufgewühlten, der „rasenden" Zeit der eigenmächtigen Revolutionen und Spaltungen dereinst wiederkehren werde kraft der reinen Magie der Dichter. Von solchen Visionen ist auch Eichendorff bewegt, auch er ist Magier und Wünschelrutengänger, der das Zauberwort zu treffen weiß: „und die Welt hebt an zu singen". Aber er weiß auch um die Gefahren, die auf diesem Gange drohen und in den Abgrund führen können, wenn — wie leicht! — die „weiße" Magie zur „schwarzen", frevelhaften, versucherisch-dumpfen wird, wie sie etwa das Gedicht *Der Schatzgräber* mit düsterer Glut erfüllt.

Wir berühren einen zentralen Bereich in Eichendorffs Dichtung und Weltschau: das Erlebnis der „Nachtseite der Natur". Es ist ihm wiederum gemein mit Novalis und den anderen Dichtern und Denkern der Romantik, und gewiß ist, daß gerade in seinen Nachtliedern die berückendsten Zauber weben. Die Nacht ist der Mutterschoß des Werdens, das Unbewußte und der Traum, sie offenbart Tieferes als der Tag.

> Der Wandrer von der Heimat weit,
> Wenn rings die Gründe schweigen,
> Der Schiffer in Meereseinsamkeit,
> Wenn die Stern' aus den Fluten steigen:
>
> Die beide schauern und lesen
> In stiller Nacht,

Was sie nicht gedacht,
Da es noch fröhlicher Tag gewesen.

Dies ist das Bekenntnis der Romantik, das sich von des Novalis *Hymnen an die Nacht* bis hin zu *Zarathustras Nachtlied* verfolgen läßt. Die Waldquellen, die nachts lauter sprechen, sind auch die „ewigen Liederquellen". Ein Lieblingswort Eichendorffs, „verworren", klingt in den Nachtliedern immer wieder auf, deutlich lustbetont, und es meint zugleich die Rufe und Stimmen im nächtlichen Wald wie die Gedanken und Gefühle der eigenen Brust. Die Nacht wird aber auch zur zauberischen Verführung. Die „alten Götter" machen in ihr die Runde (*Schöne Fremde*), und sie sind nicht bloße Phantome oder Allegorien. In der Märchennovelle *Das Marmorbild* erwacht die heidnische Liebesgöttin in einer italienischen Mondscheinnacht aus dem Stein zu blühendem, warmem Leben, und der junge Florio glaubt in ihr die Urgestalt seiner Jugendträume gefunden zu haben (Lubowitzer Bilder dämmern auf), und fast erliegt er ihrem Bann, bis durch sein Stoßgebet „Herr Gott, laß mich nicht verloren gehen in der Welt!" der magische Spuk unter den Stürmen und Blitzen eines Gewitters versinkt. Das Grausen, das den Jüngling packt, geht auch durch andere Lieder und Romanzen Eichendorffs als schreckendes Erlebnis. Die Hexe Loreley, die Meerfey, die Braut (in der *Späten Hochzeit*) sind andere Verkörperungen dieser betörenden weiblichen Macht, die dem Helden das Herz aus der Brust reißt — und stets lauert sie auf ihn in der Nacht.

In wie vielen Liedern tönen Sirenenklänge, verworrenes, unerlöstes Klagen auf, berauschende Todeslust! Sie drücken das tief Vergangene, Verlorene einer heidnischen Welt aus, die insgeheim in dem Dichter lebendig ist und deren er sich erwehren muß, soll er nicht wie einer der „Zwei Gesellen" in der „Wogen farbig klingendem Schlund" versinken. Wie schauervoll und beschwörend sind diese Strophen (von Robert Schumann unvergeßlich komponiert), von den tausend Stimmen im Grund, die den Jüngling hinunterziehen, und wieder klingt es wie ein Notschrei am Schluß dieses Liedes: „Ach Gott, führ uns liebreich zu Dir!" Das Dämonische ist Eichendorff unheimlich nahe, und manchmal bricht es in voller Verzweiflung aus, wie im Gedicht *Der irre Spielmann*. Es ist nicht das einzige dieser Art. Wir müssen diese dunkle Tiefenzone in Eichendorffs Werk erkennen, um die Bedeutung seiner geistlichen Dichtung ganz zu ermessen, die sich aus solchen Gefährdungen mit aller Kraft seiner gläubigen Seele erhebt.

Die Nacht ist mehrdeutig: sie kann Beseligung, Ruhe und himmlische Ahnung sein — Verführung, Tücke und Tod andererseits. Ihr Gegensatz — nicht ihr polares Widerspiel! — ist der helle, lichte Morgen. Er flammt durch die Wipfel im keuschen Morgenrot, er badet die Seele rein von allen trüben Dünsten, er ist die heilige Nüchternheit und das männliche gute Tun und Wirken. In der geistlichen Dichtung ertönt mit lauter Stimme der Weckruf: „Wachet auf, wacht auf, wacht auf!" Und es ist nicht nur das fröhlich-selige Gottvertrauen des *Taugenichts,* was der Dichter meint, dieser Weckruf fordert Umkehr im strengen, christlichen Sinne. Aus der blind ins Blaue schweifenden Wanderschaft ist die ernste Pilgerfahrt nach festem, unverrückbarem Ziel geworden. Die beiden Gedichtzyklen *Der Pilger* und *Der Umkehrende,* zumeist aus späterer Zeit, lassen diese Wandlung des Lebensgefühls erkennen, das sich voller Inbrunst der ewigen Heimat zuwendet. Die unbedingte Ergebung in den Willen Gottes verbindet sich mit der entschiedenen Absage an die „duftschwüle Zaubernacht" und dem Losungswort „Gelobt sei Jesus Christ". Es ist ein unromantischer, herber Ton, der in diesen Gedichten aufbricht, der Glanz scheint erloschen, schwer lastet das Bewußtsein von Vergänglichkeit, Tod und Sünde auf dem stille gewordenen Herzen in Erwartung des nahenden göttlichen Gerichts. Aber in dieser tragischen Erschütterung, in der alles Irdische zunichte wird, eröffnet sich eine neue Dimension. Nun wird der in Natur und Waldesrauschen so oft erahnte Gott in seiner übernatürlichen gnadenhaften Wirklichkeit offenbar. Wir wissen nicht genau, welche Erfahrungen den Dichter zu dieser letzten Stufe geführt haben, doch können wir es ahnen aus den Gedichten *Auf meines Kindes Tod,* die geschrieben wurden, als er 1832 sein jüngstes, kaum zwei Jahre altes Töchterchen Anna verlor; bald darauf starb noch ein zweites Kind. Wohl entstehen noch manche seiner leuchtendsten, klingendsten Lieder und so fröhliche, ganz unbeschwerte Werke wie das Lustspiel *Die Freier,* der erlebnisbunte Roman *Dichter und ihre Gesellen* und die tief in romantische Stimmungen getauchten Erzählungen *Die Entführung* und *Die Glücksritter,* freilich auch die düstere, tragische Novelle *Das Schloß Dürande,* wohl steht er noch rüstig und fest im tätigen Leben, aber innerlich hat er die Wendung vollzogen zu dem Einen, das not ist und das er in der ihn lebenslang erfüllenden christlichen Religion von Anfang an als festen Kern besaß. Schon in *Ahnung und Gegenwart* war das Ziel erschaut worden, das sich dem Helden dieses Romans, dem Grafen Friedrich, zuletzt in apokalyptischer Vision enthüllte: es war der Kampf der Religion gegen die Freigeisterei, den Eichendorff an anderer Stelle als das „eigentliche bewegende Grundprinzip" formulierte. Diesem Ziel war er in Leben und Werk zugestrebt, mit hochgemutem Herzen und mit blankem männlichen Willen, und war dabei immer wieder auf die Gewalt des Dämonischen in seinen vielen Formen und Masken gestoßen, die Mächte der hinunterziehenden Tiefe und der ungeordneten selbstischen Leidenschaft. Hatte er ihnen nicht selbst seinen Tribut gezollt, in Grauen und Abwehr zwar, aber doch auch in geheimer Lust? So muß es der Dichter empfunden haben in seinem tiefen zarten Gewissen, das der Reue fähig war für etwas, das andere kaum als Verfehlung anerkannt hätten. Ihm aber wurde daraus die Gnade des Seelenfriedens, von dem diese späten Gedichte zeugen. Die Nacht naht nun als „Trost der Welt", oder es geschieht in ihr die Begegnung mit dem Herrn selbst, der über die Gipfel geht und das stille Land segnet *(Nachts* von 1850). Die heimatliche Welt katholischer Frömmigkeit nimmt den Dichter auf: die Engel, die Heiligen sind ihm nahe, und die Muttergottes wacht in der Waldeinsamkeit und bedeckt ihn mit ihrem Sternenmantel. Ein untergründig-lebendiger Strom verbindet die Mariengedichte Eichendorffs mit den marianischen Volks- und Kirchenliedern des Barock, ja des Spätmittelalters, denen sie in der innigen kindlichen Liebe, zuweilen auch in der Form und Sprachgestalt ähneln. Die Macht der Frau Venus ist untergegangen und ihr Wesen transfiguriert und geheiligt in Maria, die mit dem Kind in den Armen „hoch über der dunkel erbrausenden Welt" steht.

Daß es sich hier nicht um eine plötzliche Bekehrung handelt, sondern um die letzte Konsequenz einer früh ergriffenen Grundhaltung, beweisen neben den Kernstellen des Jugendromans vor allem die von Eichendorff so genannten *Zeitlieder,* die sein Leben begleiten. Hier spricht nicht der Dichter der verworrenen Gefühle und der romantischen Träumereien, auch nicht der wanderselige Musikant, sondern der wissende, scharfäugige, kernige Mann, der sich mit den geschichtlichen Mächten seiner Epoche als Mahner, Warner und Prophet auseinandersetzt. Es ist die Epoche der Revolutionen, die mit 1789 anhebt, da eine alte, brüchig gewordene Welt zusammenstürzt, und nun „Licht und Schatten noch ungeschieden in wunderbaren Massen gewaltig miteinander ringen". Eichendorff hat früh erkannt, daß es hier um einen welthistorischen Prozeß geht, der nur in ferner Zukunft, vielleicht erst mit dem Ende der Zeiten entschieden wird, und er hat Krisen und Katastrophen vorausgesehen, deren erste er noch selbst miterlebte. In vollem Bewußtsein hat er dabei Partei ergriffen, nicht als Reaktionär im Sinne einer Wiederherstellung des alten Zustandes, den er selbst als „sündengrau" verwirft, aber als Bewahrer der höchsten Werte, die das Christentum gestiftet hat. Es ist das Verhängnis der Revolution, daß sie mit der Beseitigung der sozialen Übelstände auch das Fundament eingerissen hat, auf dem für Eichendorff allein wahre Ordnung und Gerechtigkeit beruhen kann. Nun „reitet der Teufel in funkelndem Ritterschmuck die Reihen entlang und zeigt den Völkern durch den Wolkenriß die Herrlichkeit der Länder und ruft ihnen zu: Seid frei, und alles ist euer!" Die Verwirrung ist um so größer, als die hohe Idee der Freiheit selbst christlichen Ursprungs und edelstes Geistesgut ist, das sich aber ins Gegenteil verkehrt, wenn es zu schrankenloser Selbstherrlichkeit, losgelöst von Glauben und Sitte wird. In dem Gedicht *Memento* sind in prägnanter Kürze die notwendigen Folgen einer solchen Vergottung des „Wir selber" zusammengefaßt. Für Eichendorff war zunächst die Napoleonische Machtherrschaft der sichtbarste Ausdruck menschlicher Vermessenheit, und ohne zu zögern hat er schon an der Erhebung der Tiroler 1809 mit Gedichten und dann 1813—15 auch tätig als freiwilliger

Kämpfer an der gerechten Sache seines Volkes teilgenommen. Aber in aller patriotischen Begeisterung ist es doch nicht sie allein, die ihn bewegt. Nach dem Kriege wendet er sich sehr bald gegen die „Vaterländerei", die nichts anderes über sich kennt, und er spottet über „Hermanns Enkel", die in altdeutschen Kostümen und teutonischem Getue sich groß dünken. Eichendorffs wahre politische Ideale sind nicht mit einer Parteirichtung zu bezeichnen, wenn er auch den Konservativen nahesteht — sie sind nur aus seiner religiösen Haltung herzuleiten und von dort her zu verwirklichen. Zu innerst ist der Dichter davon durchdrungen, daß die Weltgeschichte nicht aus eigener Kraft und nach eigenem Ermessen gemeistert werden kann, sondern daß Gott ihr Herr ist, der sie mit Blitzen schreibt — dem Menschen bleibt nur übrig, demütig zu lauschen, sich innerlich zu bereiten und die Zeichen zu verstehen. Deshalb lehnt er die politisierenden Dichter des „Jungen Deutschland" ebenso ab wie die Vertreter der Hegelschen Staatsomnipotenz. Nur als ferne Vision erscheint die Gestalt eines jugendlichen Helden als „Deutschlands künftiger Retter": auf den Trümmern der Welt sinkt er vor dem Kreuz in die Knie, das als einziges noch ragt, weil es alle hastig übersehen haben:

> Und vor dem Bild, das alle will versöhnen,
> Legt er dereinst die blut'gen Waffen nieder
> Und weist den neuen Bau den freien Söhnen.

Dies ist eines der letzten Gedichte Eichendorffs, in seinem Todesjahr geschrieben. Unter den *Zeitliedern* finden sich aber, scheinbar überraschend, auch seine schönsten Waldlieder. Der Wald ist für ihn auch Ausdruck von Gottes Ordnung und Walten aus dem Ewigen ins Zeitliche. Zu ihm rettet er sich, wenn er in den bedrängenden Fragen der Zeit Antwort sucht, was recht und wahr ist. So innig durchdringen sich in seiner Dichtung Natur und Übernatur in den mannigfachsten Stufen und Übergängen, daß es oft kaum möglich ist, Naturlieder und geistliche Gedichte streng zu scheiden. Und am herrlichsten sind jene, die beides zur vollkommenen Einheit zusammenschließen, wie etwa die *Mondnacht* oder das *Morgenlied*: der religiöse Sinn im Gewande der Schönheit, und die atmende, wartende schöne Erde als Hinweis des Geschaffenen auf den Schöpfer, dem sie das große Lob- und Danklied singt. Dieses verborgen-offenbare Heilige ist es, das die Dichtung Eichendorffs, auch die profane, mit geheimnisvollem Glanz umgibt, ihr die innere Freudigkeit und Zuversicht verleiht und den ewigen Ursprung erahnen läßt.

*

Die wichtigsten biographischen Tatsachen, soweit sie auf Entfaltung und Werk des Dichters von Einfluß waren, seien nachgetragen.

Joseph Freiherr von Eichendorff entstammte einem alten, ursprünglich bayerischen Adelsgeschlecht, dessen letzter Zweig seit dem 17. Jahrhundert in Schlesien ansässig war, und wurde am 10. März 1788 auf Schloß Lubowitz bei Ratibor geboren. Gemeinsam mit seinem zwei Jahre älteren Bruder Wilhelm genoß er eine sorgfältige, wenngleich nüchterne, prosaische Erziehung unter der Leitung des Vaters und mehrerer, vor allem geistlicher Hofmeister. Heimlich aber las er, in den Wipfeln eines Birnbaumes versteckt, Bücher, die er in der väterlichen Bibliothek aufgestöbert hatte: Reisebeschreibungen, englische und französische Romane, vor allem aber die Deutschen Volksbücher vom Gehörnten Siegfried, von der Schönen Magelone, der Heiligen Genoveva und den vier Haimonskindern, die ihm „mit ihren rührenden Wunderscheinen den Lenz überglänzten. Mir war noch nie so fromm und fröhlich zumut gewesen", bekennt er später in *Ahnung und Gegenwart*. Und dann spricht zu dem Knaben ein wahrer Dichter. „Mitten aus dieser pädagogischen Fabrik schlugen mir einige kleine Lieder vom Matthias Claudius rührend und lockend ans Herz. Sie sahen mich in meiner prosaischen Niedergeschlagenheit mit schlichten, ernsten, treuen Augen an, als wollten sie freundlich-tröstend sagen: ‚Laßt die Kleinen zu mir kommen . . .' Ich entsinne mich, daß ich in dieser Zeit verschiedene Plätze im Garten hatte, welche Hamburg, Braunschweig und Wandsbeck vorstellten. Da eilte ich denn von einem zum andern und brachte dem guten Claudius, mit dem ich mich besonders gerne und lange unterhielt, immer viele Grüße mit. Es war damals mein größter, innigster Wunsch, ihn einmal in meinem Leben zu sehen." (Es ist nicht dazu gekommen.) Noch stärker ergriff ihn das Neue Testament und die Leidensgeschichte des Herrn. „Ich weinte aus Herzensgrunde, daß ich schluchzte . . . Ich begriff nicht, wie mein Hofmeister und alle Leute im Hause, die doch das alles schon lange wußten, nicht ebenso gerührt waren und auf ihre alte Weise so ruhig fortleben konnten."

Das sind die entscheidenden inneren Erlebnisse. Ebenso tief wirkte die äußere Umwelt: Das Leben auf dem Gut inmitten der großen Wälder mit Jagden und ritterlichen Übungen, die Hausbälle und Lustbarkeiten, große Wagenfahrten in schwerfälligen Kaleschen mit den Eltern und einem Aufgebot von Dienern durch Böhmen und Sachsen erfüllten die Seele des zarten, aber frischen Knaben mit unauslöschlichen Eindrücken einer noch patriarchalisch behüteten Welt der letzten Barockkultur, in die nur von ferne die Donner der Französischen Revolution grollten. 1801 kamen die beiden Brüder an das katholische Gymnasium in Breslau. Durch die Lektüre alter und neuer Dichter, durch Schüleraufführungen im Konvikt und den Besuch von Theatervorstellungen wurde Joseph zu eigenen literarischen Versuchen angeregt. Ein schon früher begonnenes und bis 1812 fortgeführtes Tagebuch gibt uns wichtige Aufschlüsse über sein Leben und geistiges Wachstum. Zum Studium der Rechte ging er mit dem Bruder nach Halle, wo sie hervorragende Lehrer hörten und wo vor allem der Naturphilosoph Henrik Steffens die erste Berührung mit der Strömung der Romantik brachte, aber auch das studentische Treiben lebhaft auf ihn wirkte. Als die Universität Halle nach der Niederlage von Jena 1806 durch Napoleon aufgelöst wurde, setzten die beiden Brüder nach einem Zwischenaufenthalt in Lubowitz ihr Studium in Heidelberg fort. Die Neckarstadt empfing sie im Blütenmeer. „Heidelberg ist selbst eine prächtige Romantik; da umschlingt der Frühling Haus und Hof und alles Gewöhnliche mit Reben und Blumen, und erzählen Burgen und Wälder ein wunderbares Märchen der Vorzeit, als gäbe es nichts Gemeines auf der Welt", so schreibt Eichendorff rückschauend im Alter. Begünstigt von dieser Atmosphäre, genährt von beglückenden und schmerzlichen Liebeserlebnissen, schlug hier seine Lyrik zur Blüte aus. Der eben hier in Heidelberg 1805 erschienene 1. Teil der Volksliedersammlung *Des Knaben Wunderhorn* wirkte befreiend und gab Eichendorff den Mut zu seinem eigenen naturhaft schlichten Ton. Von einem novalisierenden Mitläufer der Romantik, dem Grafen von Loeben, der den beiden Brüdern freundschaftlich nahetrat, wurden diese Lieder in ihrem Wert erkannt und einer Zeitschrift zur Veröffentlichung unter dem Pseudonym Florens gegeben. War aber Loeben ein weicher, substanzloser Nachempfinder, worüber sich Eichendorff trotz jahrelanger warmer Freundschaft allmählich klar werden mußte, so ergriff die vulkanische Persönlichkeit des Joseph Görres, der damals in Heidelberg Naturphilosophie und Ästhetik las, die Gemüter mit echter Gewalt. Als „einsiedlerischen Zauberer" und „Propheten auf den höchsten Zinnen der bewegten Zeit" hat Eichendorff ihn später großartig gefeiert und ihm den Dank gesagt für die Erweckung, die er durch Görres' Vorlesungen und auch im persönlichen Umgang mit ihm erfuhr. Von Görres inspiriert ist der hymnisch große Ton mancher Sonette, die Besinnung auf die Quellen deutscher Vergangenheit und die Begeisterung für das vaterländische Ziel innerer und äußerer Befreiung.

Nach glänzend bestandener juristischer Abschlußprüfung unternahmen die beiden Eichendorff 1808 eine Reise nach Paris, wo sie auf der kaiserlichen Bibliothek altdeutsche Handschriften für Görres' Volksbüchersammlung verglichen. Dann ging es heimwärts nach Lubowitz, den alternden Vater in der Bewirtschaftung der Güter zu unterstützen. Zwei Jahre angespannter Pflichtarbeit folgten, in denen Joseph doch Zeit zu dichterischem Schaffen fand. Pläne zu einem Hermann-Drama und zu Märchen und Novellen beschäftigten ihn, auch begann er eine Sammlung oberschlesischer Sagen anzulegen, die er dem polnischen Landvolk ablauschte. Am reichsten aber floß der Liederquell, zumal nach der Begegnung mit Aloysia von Larisch, der 17jährigen Tochter eines benachbarten Gutsbesitzers, die 1809 seine Braut wurde. Ende des gleichen Jahres folgten die beiden Brüder einer Einladung Loebens nach Berlin und kamen nun erst mit den Sammlern des „Wunderhorns" Arnim und Brentano in enge persönliche Berührung. Durch sie wurden sie u. a. auch mit Adam Müller und Heinrich von Kleist bekannt.

1810 gingen die beiden nach Wien, um sich auf den österreichischen Staatsdienst vorzubereiten. Dieser Landeswechsel hing mit den politischen Verhältnissen zusammen, da Österreich auch unter der napoleonischen Oberherrschaft bessere Entfaltungsmöglichkeiten zu bieten schien als das nach dem Frieden von Tilsit so jämmerlich eingeengte Preußen, auch spielten die guten Beziehungen der Familie zum kaiserlichen Hofe mit. Nach Lubowitz und Heidelberg wird nun Wien die dritte wichtige Lebensstation: vieles im Werke des Dichters, vor allem der *Taugenichts*, wäre nicht denkbar ohne die reiche und weiche, kultur- und musikgesättigte Atmosphäre der alten Kaiserstadt, die gerade damals ein Zentrum der Kunst, des Geistes und der Geselligkeit war. Mit offenen Armen empfing sie die beiden Schlesier. Sie fanden Zutritt in vielen Adelshäusern, vor allem aber bei Friedrich Schlegel, dem einstigen Haupt der Jenaer Frühromantik, der nach seiner Konversion seit 1808 hier lebte und mit seiner geistvollen Frau Dorothea zum Kreise des (später heilig gesprochenen) Redemptoristenpaters Klemens Maria Hofbauer gehörte und selbst vielbeachtete Vorlesungen über Literaturgeschichte, Philosophie und Sprache hielt. Nicht ohne Einfluß Schlegels und zumal seiner Frau hat Eichendorff 1810—12 den Roman *Ahnung und Gegenwart* in Wien verfaßt. Der Titel stammt von Dorothea Schlegel. Mit deren Sohn Philipp Veit, dem Maler, schloß er eine enge Freundschaft, mit ihm gemeinsam meldete er sich auch zum Lützowschen Freikorps, als 1813 der preußische König sein Volk zu den Waffen rief. Der Bruder Wilhelm blieb in Österreich und wurde dort später höherer Verwaltungsbeamter. Einige der Zeitlieder Eichendorffs entstammen den Freiheitskriegen, doch sind sie anderer Art als die eines Theodor Körner, Schenkendorf oder E. M. Arndt, wofür etwa *Waffenstillstand der Nacht* ein bezeichnendes Beispiel ist. Für Eichendorff, der bald zum Leutnant avancierte, blieb es zu seinem Verdruß bei Scharmützeln, Festungs- und Besatzungsdienst, an großen Schlachten hat er nicht teilgenommen. Eine Zeitlang gehörte er dem Stabe Gneisenaus an.

1815 hatte Eichendorff seine Verlobte heimführen können. Im gleichen Jahr erschien *Ahnung und Gegenwart* im Druck. Die Ereignisse nach dem Ende des Krieges wurden bereits angedeutet. Eichendorff mußte erkennen, daß ihm nach dem finanziellen Ruin der väterlichen Familie ein freies Dichter- und Gutsherrenleben nicht möglich war und zog die Konsequenz. Er schlug die Laufbahn eines preußischen Staatsbeamten ein und wurde zunächst Referendar bei der Regierung in Breslau. Seine Kenntnisse, sein Fleiß, sein Charakter führten ihn dann in immer höhere Stellungen: als Regierungsrat für das katholische Kirchen- und Schulwesen in Danzig, später in Königsberg und 1831 im Kultusministerium in Berlin. Es berührt wohl merkwürdig, sich den romantischen Dichter und fahrenden Sänger in engen preußischen Amtsstuben zwischen Aktenstößen, in nüchterner geregelter Alltagsarbeit vorzustellen, und in der Tat hat er sich in manchen poetischen Seufzern über das „große Tretrad" und den „Plunder" Luft gemacht. Indessen ist das doch Oberfläche, im Grunde hat er diese Tätigkeit, der er sich mit Eifer und Erfolg widmete, bejaht und immer wieder junge Dichter gewarnt, ihre Existenz auf bloße Schriftstellerei zu gründen — gerade im Interesse einer Reinhaltung der Poesie. Die Bewährung im irdischen Beruf war ihm eine Lebensschule, und sie bekam auch seiner dichterischen Produktion gut. Sind doch in diesen Jahrzehnten der Amtsführung viele seiner köstlichsten Werke entstanden, neben Liedern, Dramen und Erzählungen vor allem der *Taugenichts* (1826), dem man wahrlich nichts von Aktenstaub anmerkt. So beseligend frei und beschwingt konnte diese Meisternovelle vielleicht nur erwachsen, weil sie der Ausgleich, das Atemholen war von strenger Pflichtarbeit. Aber der Beruf war nicht nur die Gegenwelt zu den schweifenden Dichterträumen, manches floß aus ihm unmittelbar in das Schaffen über. Eichendorff erlebte den deutschen Nordosten in seiner Wirklichkeit und in seiner großen Geschichte, besonders als er vom Oberpräsidenten Westpreußens, von Schön, mit der Leitung der Arbeiten zur Wiederherstellung der alten Veste des deutschen Ritterordens, der Marienburg, betraut wurde. Das war eine Arbeit nach seinem Herzen. Der ritterliche Mann, der durch Herkunft und Bildungsgang im christlich-deutschen Mittelalter zu Hause war, fühlte aus den mächtigen, zerbröckelnden Mauern einen verwandten Geist sprechen. Er rief ihn nicht nur zur praktischen Tätigkeit als Restaurator, sondern beflügelte auch den Dichter. Sein bestes Drama *Der letzte Held von Marienburg,* die Tragödie des Ordensmeisters Heinrich von Plauen, und zwei Prosaschriften legen Zeugnis davon ab. Es würde Wesentliches im Gesamtbild des Dichters fehlen, hätten wir nicht neben dem südlich orientierten Pol von Heidelberg, Wien und dem nie gesehenen Traumland Italien diese Einwirkungen des preußischen Nordostens mit Geschichte und Landschaft seines Ordenslandes, das ihm auch das Erlebnis des Meeres brachte. Das bekunden auch lyrische Gedichte, am stärksten *In Danzig,* das in wenigen dunklen Bildern die alte Hansestadt in dem Zauber ihrer meerumrauschten nächtlichen Einsamkeit erstehen läßt...

Der Charakter Eichendorffs zeigte sich nicht nur in der verantwortungsvollen Art, mit der er sein Amt verwaltete, sondern auch in der Konsequenz, mit der er es aufgab, als er in inneren Gegensatz zu den konfessionellen Maßnahmen der preußischen Regierung um 1840 zu stehen kam. Die nachgesuchte Entlassung wurde ihm erst vier Jahre später unter ehrenvollen Bedingungen gewährt. Er lebte nun als Privatmann in verschiedenen Städten, zwei Jahre auch im geliebten Wien, wo er herzlich gefeiert wurde und mit Grillparzer und Stifter, für dessen Erzählungen er sich nachdrücklich einsetzte, in freundschaftliche Verbindung kam; dann wieder in Berlin, wo eine Runde junger Dichter: Storm, Geibel, Fontane, Heyse, verehrend zu ihm aufblickte. (Storm insbesondere wäre als Lyriker ohne Eichendorff nicht denkbar.) Zuletzt wohnte er bei der Familie seiner Tochter in St. Rochus bei Neiße. Diese Altersjahre sind bestimmt durch eine rege Tätigkeit nicht so sehr als Dichter wie als Übersetzer und literarhistorischer Schriftsteller und Polemiker. Sein christlich-katholischer Glaube tritt in Abwehr gegen den materialistischen Zeitgeist streng, ja zuweilen schroff hervor. Dabei gewinnt er auch zunehmend Abstand zu der romantischen Bewegung seiner Jugendzeit, deren bleibenden Kern er von vielen unechten, krankhaften, hohlen Erscheinungen zu scheiden sucht, oft in erstaunlich nüchternen, kritischen Urteilen auch über ihm persönlich Nahestehende wie Loeben und Fouqué; aber auch die geliebten und bewunderten Großen wie Jean Paul und Novalis sieht er nun schärfer in ihrer Problematik. Dauernde Sympathie bewahrt er dem männlichen Achim von Arnim, und als Lyriker und Märchendichter bleibt ihm Clemens Brentano der Wundermann, der die Dämonien seiner zerrissenen Seele zur wahren Schönheit und religiösen Liebe zu läutern vermochte. Seine Stellung zu Goethe schwankt zwischen Bewunderung für den Dichter und weltanschaulicher Distanz. Am höchsten stehen ihm die großen Alten: die griechischen Tragiker, Dante, Wolfram von Eschenbach,

171

Shakespeare, Cervantes, Calderon. Die drei Letztgenannten sind ihm die wahren „Romantiker", und Calderon hat er seine nachschaffende Dichterkraft gewidmet in der Übertragung von elf seiner autos sacramentales, darunter die glanzvolle des *Großen Welttheaters*.

Von großer Schönheit und Anschaulichkeit sind die autobiographischen Erinnerungen, von denen zwei größere Kapitel *Der Adel und die Revolution* und *Halle und Heidelberg* fertig wurden. Sie zeichnen ein ebenso liebevoll wie kritisch gesehenes Bild von den gesellschaftlichen Zuständen zur Zeit seiner Jugend. Der Dichter, der 1855 seine treue Gattin verloren hatte, starb über der Abfassung der Memoiren am 26. November 1857 in Neiße eines sanften Todes. Fast 70 Jahre war er alt geworden, über 100 Jahre sind seither vergangen — seine Dichtungen blieben in allem Wandel der Zeit unverwelkt und haben starke Verbreitung gefunden, nicht zuletzt durch viele Vertonungen. Ihre innere Musik hat bedeutende Komponisten wie Mendelssohn, R. Schumann, Brahms, Hugo Wolf, Pfitzner, Othmar Schoeck inspiriert.

Die Sammlung seiner Gedichte hat er 1837 besorgt. Es war in sieben Gruppen: Wanderlieder, Sängerleben, Zeitlieder, Frühling und Liebe, Totenopfer, Geistliche Gedichte, Romanzen gegliedert. Dieser Anordnung, die auch eine 2. erweiterte Auflage 1841 beibehielt, folgt unsere Auswahlausgabe. Von den Nachlaßgedichten wurden die wichtigsten nach der Ausgabe von 1864, die der Sohn des Dichters, Hermann von Eichendorff, redigierte, sinngemäß in die Gruppen eingereiht.

Konrad Nußbächer

VERZEICHNIS DER ÜBERSCHRIFTEN

WANDERLIEDER

Frische Fahrt	3	In der Fremde	20
Allgemeines Wandern	3	Sehnsucht	20
Der frohe Wanders-		Der Morgen	21
mann	4	Mittagsruh	22
Zwielicht	5	Der Abend	22
Nachts	6	Die Nacht	23
Der wandernde		Täuschung	24
Musikant	6	Schöne Fremde	25
Die Zigeunerin	11	Liebe in der Fremde	25
Der wandernde		Lustige Musikanten	26
Student	11	Wandersprüche	28
Der himmlische Maler	12	Wandernder Dichter	30
Der Soldat	13	Heimweh	31
Die Spielleute	13	An der Grenze	31
Vor der Stadt	15	Wanderlied der Prager	
Der verliebte Reisende	15	Studenten	32
Auf einer Burg	18	Rückkehr	33
Jahrmarkt	18	Der irre Spielmann	34

SÄNGERLEBEN

Hippogryph	35	Lockung	48
Die zwei Gesellen	36	Nachtzauber	48
Der Unverbesserliche	37	Glückliche Fahrt	49
Sonette	38	An die Waldvögel	50
Jugendsehnen	42	Frühe	51
Wehmut	42	Zum Abschied	51
Intermezzo	43	Der Wegelagerer	52
Morgenlied	43	Der Glücksritter	52
Umkehr	45	Der Schreckenberger	53
Der Isegrimm	46	Trost	54
Die Heimat		An die Dichter	55
(An meinen Bruder)	46	Wünschelrute	58
Heimweh			
(An meinen Bruder)	47		

Der Freund 58
Sängerfahrt 59
Lieber alles 60
Klage (1809) . . . 60
Zorn (1810) 61
Unmut 63
Der Jäger Abschied . 63
Abschied (Im Walde
  bei Lubowitz) . . 64
Waffenstillstand
  der Nacht 66

An meinen Bruder
  (1815) 66
Der neue Rattenfänger 67
Bei Halle 68
In Danzig (1842) . . 69
Abschied 70
Memento 71
Durch! 71
Weltlauf **72**
Deutschlands künftiger
  Retter (1857) . . 73

FRÜHLING UND LIEBE

An die Freunde . . 74
Liebe, wunderschönes
  Leben 74
Jagdlied 75
Frühlingsgruß . . . 76
Frühlingsdämmerung . 76
Elfe 77
Die Lerche 78
Nachtigall 79
Adler 80
Die Sperlinge . . . 80
Mädchenseele . . . 81
Abendständchen . . 81
Wahl 82
Die Stille 83
Die Studenten . . . 84
Der Gärtner 85
Übermut 86
Der Bote 86
Der Winzer 87
Der verzweifelte
  Liebhaber 87

Der Glückliche . . . 88
Die Nachtblume . . 89
An eine Tänzerin . . 89
Der Kranke 90
Die Hochzeitsänger . 92
Verlorene Liebe . . 93
Das Ständchen . . . 95
Neue Liebe 96
Frühlingsnacht . . . 97
Frau Venus 97
Glück 98
Verschwiegene Liebe . 99
Die Einsame 100
Seliges Vergessen (Aus
  dem Spanischen) . . 100
An Luise (1816) . . 101
Im Abendrot . . . 102
Die Zeit geht schnell . 103
Treue 103
Der Vögel Abschied . 104
Nachklänge 104

TOTENOPFER

Sonett 107
Treue 107
Gute Nacht 108

Auf meines Kindes Tod 108
In der Fremde . . . 110
Vesper 110
Die Nachtigallen . . 111

GEISTLICHE GEDICHTE

Götterdämmerung . . 112
Mariä Sehnsucht . . 115
Jugendandacht . . . 116
Kirchenlied 118
Morgengebet . . . 119
Mittag 120
Abend 120
Morgenlied 121
Herbst 122
Der Schiffer 123
Der Soldat 124
Der Wächter 125
Der Umkehrende . . 125
Der Pilger 128
Der Einsiedler . . . 131
Sonntag 132
Ostern 132
Weihnachten 133

Abschied 134
Mondnacht 134
Nachtlied 135
Nachts 136
Winternacht 136
Dank 137
Schifferspruch . . . 137
Gebet 138
So oder so 138
Todeslust 139
Mahnung 139
Im Alter 140
Der verspätete Wan-
    derer 140
Das Alter 141
Marienlied 141
Durch! 142

ROMANZEN

Der stille Grund . . 143
Waldmädchen . . . 144
Waldgespräch . . . 145
Der alte Garten . . 146
Verloren 146

Das zerbrochene
    Ringlein 147
Die späte Hochzeit . 148
Meeresstille 148
Der Schatzgräber . . 149
Valet 150

VERZEICHNIS DER GEDICHTANFÄNGE

Abendlich schon rauscht der Wald 134
Ach Liebchen, dich ließ ich zurücke 17
Ade, ihr Felsenhallen 104
Ade nun, liebe Lieder 150
Aktenstöße nachts verschlingen 46
Altes Haus mit deinen Löchern 80
Am Himmelsgrund schießen 86
Am Kreuzweg, da lausche ich 11
Auf die Dächer zwischen blassen Wolken . . . 95
Aufs Wohlsein meiner Dame 53
Aus der Heimat hinter den Blitzen rot 110
Aus stiller Kindheit unschuldiger Hut 34
Aus Wolken, eh im nächtgen Land 12
Bei dem angenehmsten Wetter 11
Bevor er in die blaue Flut gesunken 139
Bin ein Feuer hell, das lodert 144
Bleib bei uns! Wir haben den Tanzplan im Tal . 77
Da fahr ich still im Wagen 15
Da steht eine Burg überm Tale 68
Dämmrung will die Flügel spreiten 5
Das ist ein Flügelpferd mit Silberschellen . . . 35
Das ists, was mich ganz verstöret 109
Dein Wille, Herr, geschehe! 128
Denkst du des Schlosses noch auf stiller Höh? . . 46
Der Herbstwind schüttelt die Linde 51
Der Jugend Glanz, der Sehnsucht irre Weisen . . 74
Der Mond ging unter — jetzt ists Zeit 148
Der Mondenschein verwirret 143
Der Sturm geht lärmend um das Haus 29
Der Tanz, der ist zerstoben 82
Der Wald, der Wald! daß Gott ihn grün erhalt . 26
Der Wandrer, von der Heimat weit 29
Die Abendglocken klangen 110
Die handeln und die dichten 138
Die Höhn und Wälder schon steigen 108
Die Jäger ziehn in grünen Wald 84

Die Lerche grüßt den ersten Strahl 29
Die Lüfte linde fächeln 123
Die Nacht war kaum verblüht 132
Die treuen Berg stehn auf der Wacht 31
Du blauer Strom, an dessen duftgem Strande . 41
Du sollst mich doch nicht fangen 125
Du weißt, dort in den Bäumen 47
Dunkle Giebel, hohe Fenster 69
Durch Feld und Buchenhallen 10
Durch schwankende Wipfel 75
Durchs Leben schleichen feindlich fremde Stunden 117
Ein Adler saß am Felsenbogen 142
Ein' Gems auf dem Stein 86
Ein Stern still nach dem andern fällt 43
Ein Wunderland ist droben aufgeschlagen . . . 39
Eingeschlafen auf der Lauer 18
Es geht wohl anders als du meinst 28
Es ging Maria in den Morgen hinein 115
Es haben viel Dichter gesungen 54
Es hat die Nacht geregnet 87
Es ist ein Land, wo die Philister thronen . . . 52
Es ist nun der Herbst gekommen 122
Es ist schon spät, es wird schon kalt 145
Es rauschen die Wipfel und schauern 25
Es schienen so golden die Sterne 20
Es steht ein Berg in Feuer 76
Es wandelt, was wir schauen 127
Es war, als hätt der Himmel 134
Es weiß und rät es doch keiner 83
Es zogen zwei rüstge Gesellen 36
Ewig muntres Spiel der Wogen! 29
Ferner ziehn wir durch die Gassen 92
Fliegt der erste Morgenstrahl 21
Frühmorgens durch die Klüfte 13
Gar oft schon fühlt ichs tief 81
Gedenkst du noch des Gartens 105
Genug gemeistert nun die Weltgeschichte! . . 139
Gestürzt sind die goldnen Brücken 120

Gott, inbrünstig möcht ich beten 138
Herz, in deinen sonnenhellen Tagen 28
Herz, mein Herz, warum so fröhlich 96
Hier bin ich, Herr! Gegrüßt das Licht 126
Hoch mit den Wolken geht der Vögel Reise . . 141
Hörst du nicht die Bäume rauschen 48
Hörst du nicht die Quellen gehen 48
Ich geh durch die dunklen Gassen 16
Ich hab ein Liebchen lieb recht von Herzen . . 88
Ich hör die Bächlein rauschen 20
Ich hörte in Träumen 78
Ich kann hier nicht singen 78
Ich kann wohl manchmal singen 42
Ich reise übers grüne Land 7
Ich ruhte aus vom Wandern 24
Ich seh von des Schiffes Rande 148
Ich stehe in Waldesschatten 136
Ich wandre durch die stille Nacht 6
Ich weiß nicht, was das sagen will! 30
Ich wollt in Liedern oft dich preisen 101
Ihm ists verliehn, aus den verworrnen Tagen . 41
Ihr habt den Vogel gefangen 37
Im Osten grauts, der Nebel fällt 51
Im Winde fächeln 100
In der stillen Pracht 76
In einem kühlen Grunde 147
Juchheisa! Und ich führ den Zug 67
Kaiserkron und Päonien rot 146
Kastagnetten lustig schwingen 89
Kein Stimmlein noch schallt von allen 121
Kein Zauberwort kann mehr den Ausspruch mildern 73
Komm, Trost der Welt, du stille Nacht! . . . 131
Konnt mich auch sonst mit schwingen 50
Kühlrauschend unterm hellen 59
Laß dich die Welt nicht fangen 71
Laß, Leben, nicht so wild die Locken wehen! . . 70
Laue Luft kommt blau geflossen 3
Leben kann man nicht von Tönen 45

Lieb Vöglein, vor Blüten 103
Liebe, wunderschönes Leben 74
Lieder schweigen jetzt und Klagen 93
Man setzt uns auf die Schwelle 128
Markt und Straßen stehn verlassen 133
Mein Gott, Dir sag ich Dank 137
Möcht wissen, was sie schlagen 111
Mürrisch sitzen sie und maulen 9
Nach den schönen Frühlingstagen 79
Nach Süden nun sich lenken 32
Nacht ist wie ein stilles Meer 89
Nächtlich macht der Herr die Rund . . . 125
Nicht Träume sinds und leere Wahngesichte . . 40
O Herbst! betrübt verhüllst du 63
O Herbst, in linden Tagen 104
O könnt ich mich niederlegen 60
O Maria, meine Liebe! 118
O Täler weit, o Höhen 64
O wunderbares, tiefes Schweigen 119
Schlafe Liebchen, weils auf Erden 81
Schläft ein Lied in allen Dingen 58
Schlag mit den flammgen Flügeln! 129
Schweigt der Menschen laute Lust 22
Seh ich im verfallnen, dunkeln Haus . . . 61
Sinds die Häuser, sinds die Gassen? . . . 18
So eitel künstlich haben sie verwoben . . . 38
So laß herein nun brechen die Brandung . . 129
Solange Recht regiert und schöne Sitte . . 71
Soldat sein ist gefährlich 60
Steig nur, Sonne 80
Still bei Nacht fährt manches Schiff . . . 146
Studieren will nichts bringen 87
Über Bergen, Fluß und Talen 22
Über die beglänzten Gipfel 25
Übern Garten durch die Lüfte 97
Über Wipfel und Saaten 99
Und wenn es einst dunkelt 124
Vergangen ist der lichte Tag 135

Vergeht mir der Himmel 120
Verschneit liegt rings die ganze Welt 136
Vögelein munter singen so schön 90
Vom Grund bis zu den Gipfeln 3
Vom Münster Trauerglocken klingen 132
Von fern die Uhren schlagen 109
Von kühnen Wunderbildern 112
Wagen mußt du und flüchtig erbeuten 13
Waldeinsamkeit! 127
Wandern lieb ich für mein Leben 6
Wärs dunkel, ich läg im Walde 100
Was du gestern frisch gesungen 72
Was Großes sich begeben 66
Was ich wollte, liegt zerschlagen 126
Was ist mir denn so wehe? 108
Was weckst du, Frühling, mich von neuem wieder? . 97
Was willst du auf dieser Station 28
Was wollen mir vertraun die blauen Weiten . . . 116
Wem Gott will rechte Gunst erweisen 4
Wenn alle Wälder schliefen 149
Wenn die Wogen unten toben 137
Wenn du am Felsenhange standst alleine 116
Wenn Fortuna spröde tut 52
Wenn ins Land die Wetter hängen 141
Wenn schon alle Vögel schweigen 103
Wenn zwei geschieden sind von Herz und Munde . 107
Wer auf den Wogen schliefe 58
Wer einmal tief und durstig hat getrunken . . . 40
Wer hat dich, du schöner Wald 63
Wer in die Fremde will wandern 31
Wer steht hier draußen? 33
Wie dem Wanderer in Träumen 107
Wie ein todeswunder Streiter 130
Wie jauchzt meine Seele 98
Wie oft wollt mich die Welt ermüden 130
Wie schön, hier zu verträumen 23
Wie wird nun alles so stille wieder! 140
Windsgleich kommt der wilde Krieg geritten . . . 66

Wir sind durch Not und Freude 102
Wo aber werd ich sein im künftgen Lenze? 140
Wo treues Wollen, redlich Streben 55
Wohin ich geh und schaue 85
Wohl vor lauter Sinnen, Singen 43
Wünsche sich mit Wünschen schlagen 49
Zwei Musikanten ziehn daher 15

Joseph von Eichendorff

IN DER UNIVERSAL-BIBLIOTHEK

Die Freier
Lustspiel. Mit einem Nachwort. 7434

Gedichte
Auswahl und Nachwort von Konrad Nussbächer
7925 [2]

Aus dem Leben eines Taugenichts
Erzählung. Nachwort von Konrad Nussbächer
2354

Das Marmorbild
Das Schloß Dürande
Erzählungen. 2365

PHILIPP RECLAM JUN. STUTTGART